Marcus Felix

Wer hat Angst vorm Regenbogen?

Marcus Felix

Wer hat Angst vorm Regenbogen?

Wie schulische Aufklärungsprojekte Vorurteile gegenüber geschlechtlicher und sexueller Vielfalt reduzieren können

Tectum Verlag

Marcus Felix

Wer hat Angst vorm Regenbogen? Wie schulische Aufklärungsprojekte Vorurteile gegenüber geschlechtlicher und sexueller Vielfalt reduzieren können

ISBN: 978-3-8288-3471-2

Umschlagabbildung: photocase.com © twobot
Druck und Bindung: CPI buchbücher.de, Birkach
Printed in Germany

Besuchen Sie uns im Internet
www.tectum-verlag.de

Bibliografische Informationen der Deutschen Nationalbibliothek
Die Deutsche Nationalbibliothek verzeichnet diese Publikation in der Deutschen Nationalbibliografie; detaillierte bibliografische Angaben sind im Internet über http://dnb.ddb.de abrufbar.

»Was wäre das Weiterleben eines Menschen, der es fertigbrächte, ganz konsequenterweise seine Welt als seine eigene Konstruktion zu sehen? Dieser Mensch wäre [...] vor allem tolerant. *Wer erfaßt hat, daß seine eigene Welt seine eigene Erfindung ist, muß dies den Welten seiner Mitmenschen zubilligen. Wer weiß, daß er nicht* recht *hat, sondern daß seine Sicht der Dinge nur recht und schlecht* paßt, *wird es schwer finden, seinen Mitmenschen Böswilligkeit oder Verrücktheit zuzuschreiben und im primitiven Denken des manichäischen ‚Wer nicht für mich ist, ist gegen mich' zu verharren. Die Einsicht, daß wir nichts wissen, solange wir nicht wissen, daß wir nichts endgültig wissen, ist die Voraussetzung des Respekts für die von anderen Menschen erfundenen Wirklichkeiten.«*

Paul Watzlawick
[Ders. (Hg.): Die erfundene Wirklichkeit. 1988. S. 311.]

Inhaltsverzeichnis

1 | Einleitung 9

2 | Hinführung: Geschlechtliche und sexuelle Vielfalt in der Schule 13

2.1 Fehlendes Problembewusstsein 13

2.2 Pädagogische Zielsetzung 15

2.3 Vorgehensweise und Forschungsstand..17

3 | Kontakt als Möglichkeit der Reduktion negativer Einstellungen................ 21

3.1 Die Kontakthypothese nach Allport 22

3.2 Die Natur des Vorurteils..26

3.2.1 Stereotypisierung als Voraussetzung für Vorurteile 27

3.2.2 Auswirkungen von Stereotypen...28

3.2.3 Die Theorie der sozialen Identität 32

3.3 Die Generalisierung von Kontakt - Pettigrews Intergruppenkontaktmodell..34

4 | LSBTIQ* und Gesellschaft – Stigmatisierte sexuelle Identitäten 37

4.1 „Herzlichen Glückwunsch, es ist ein Zwitter!" - Die Lebenssituation intergeschlechtlicher Menschen.............................39

4.1.1 Die gesellschaftliche Nicht-Existenz...40

4.1.2 Die Pathologisierung von Intergeschlechtlichkeit..........................44

4.2 „Männliche Mutter bringt Baby zur Welt“ - Die Lebenssituation von transidenten Menschen 46

4.2.1 Die Vielfalt von Trans*-Konzepten 47

4.2.2 Die Pathologisierung und rechtliche Situation von Trans* 48

4.2.3 Diskriminierungserfahrungen von Trans*-Personen 51

4.3 „König und König“ - Die Lebenssituation von homo-, bi- und multisexuellen Menschen 53

4.3.1 Diskriminierungserfahrungen 54

4.3.2 Die rechtliche Stellung von homosexuellen Paaren 56

4.3.3 Erklärungsversuche für homophobe Einstellungen.......................59

4.4 Regenbogenfamilien 63

5 | Geschlechtliche und sexuelle Vielfalt in der Schule 67
5.1 Anforderungen an Schule 67
5.2 Doing Gender – Die Konstruktion von Geschlecht 70
5.3 Die Darstellung von Geschlechtsidentitäten und sexuellen Orientierungen 73
5.4 „Macht die Schule auf – lasst Leben rein!" - Forderungen an die pädagogische Praxis 76

6 | Der Kontakt mit LSBTIQ* in Schulen 81
6.1 Didaktisch-methodische Überlegungen 82
6.1.1 Ausgangsbedingungen für einen erfolgreichen Kontakt 82
6.1.2 Die Steuerung der einstellungsverändernden Prozesse 86
6.1.3 Methoden zur Optimierung von Kontakt 95
6.2 Die Grenzen des Intergruppenkontaktes 101
6.2.1 Soziale Kognition 101
6.2.2 Kritik an Aufklärungsinitiativen..106

7 | Schlussbetrachtung.. 109

Literatur...115
1 Druckquellen 115
2 Internetquellen 119

1 | Einleitung

... und dann verliebte sich der Prinz in die Prinzessin. Bereits sehr früh lernen Kinder, was es heißt ein Mann oder eine Frau, ein Mädchen oder ein Junge zu sein. Sie begreifen, welche Erwartungen an ihr Geschlecht gestellt, welche Befugnisse, Fähigkeiten und Verhaltensweisen diesem zugeschrieben wird. Frühzeitig eignen sie sich an, dass die Welt ausschließlich zwei Geschlechter kennt, die sich ausschließlich gegengeschlechtlich aufeinander beziehen, und dass die Prinzessin im Märchen daher eines Tages - dieser Logik gemäß - einen attraktiven, starken Edelmann heiratet, in den sie sich aufgrund seines ausgesprochen maskulinen Verhaltens und Erscheinungsbildes verliebt hat.

Lernen - ob gesteuert und intentional oder beiläufig und implizit - stellt in erster Linie einen aktiven und konstruktiven Prozess dar, „in dessen Verlauf sich Veränderungen im Gehirn des Lernenden abspielen."[1] Die Aufnahme von Wissen und Einstellungen bedeutet „immer auch Veränderung in dem, der aufnimmt."[2] Mit dem Tag ihrer Geburt durchlaufen Kinder eine geschlechterdichotome, heteronormative Sozialisation und werden durch sie geprägt. Von den Eltern und dem familiären Umfeld werden sie, bewusst oder unbewusst, geformt und erzogen. Auch wenn die Eltern „keine typische Rollenverteilung praktizieren - zumindest vom Fernseher lernen viele Kinder, daß Mama normalerweise putzt, kocht und bügelt, während Papa an der Tankstelle oder im Labor arbeitet."[3] Kindergarten, Schule und Freizeiteinrichtungen bilden ebenso an der Sozialisation und Erziehung zentral beteiligte Instanzen.

Die Vorstellung von der Binarität und der Divergenz der Geschlechter naturalisiert eine Ordnungsvorstellung, in der sich nur Frauen und Männer aufgrund ihrer spezifischen körperlichen (vor allem gegensätzlich genitalen) Merkmale unweigerlich sexuell aufeinander beziehen. Heterosexualität gilt in dieser Logik als zwangsläufig. Verstöße gegen diese Ordnung werden folgerichtig als unangemessenes Verhalten, als Anderes, etwas nicht Gleichwertiges bewertet. Ein starres dichotomes Denk- und Verhaltenssystem beeinflusst

1 Spitzer, Manfred: Lernen. Gehirnforschung und die Schule des Lebens. Korrigierter Nachdruck. Heidelberg, Berlin 2003. S. 4.

2 Ebd.

3 Rubner, Jeanne: Warum Frauen so viel reden und Männer lieber mit Bauklötzen spielen. Die kleinen Unterschiede und woher sie kommen. In: Fauser, Peter; Madelung, Eva; Rentschler, Ingo (Hgg.): Bilder im Kopf. Texte zum Imaginativen Lernen. Seelze-Velber 2003. S. 215.

unser Selbstverständnis, wie wir uns und andere sexuell und geschlechtlich begreifen. Menschen, die sich zwischen- oder gegengeschlechtlich definieren und damit eine Geschlechtsidentität jenseits des etablierten Zwei-Geschlechtermodells aufweisen, bringen die Vorstellungen einer eindeutigen und unveränderbaren geschlechtlichen und sexuellen Identität durcheinander. Diese Menschen erfahren immer wieder, dass es für sie keinen vollwertigen Platz in der Gesellschaft gibt, dass intergeschlechtliche Menschen, weil sie unserer Alltagswahrnehmung von Geschlecht widersprechen, nicht gesehen oder medizinisch *korrigiert* werden, dass transidente Menschen als untypische Vertreter_innen[4] eines Geschlechtes bzw. als Eigenart gesehen werden.
Menschen, die gleich-, zwei- oder omnigeschlechtlich[5] begehren, werden nicht selten als Geschlechterrollen überschreitend und defizitär wahrgenommen. Das bis heute gängige Klischee, Lesben und Schwule verhielten sich eher wie Personen des jeweils anderen Geschlechts, zeigt, dass eine sich selbstverständlich als heterosexuell verstehende Gesellschaft bestimmte Rollenerwartungen hat, die Homo-, Bi- und Multisexuelle nicht erfüllen (können). Diskriminierende Verhaltensweisen gegen diese Personengruppen können darauf zurückgeführt werden.
Auch queere[6] Personen, die sich gegen Schubladifizierungen wenden und bewusst oder unbewusst durch rollennonkonforme Performance - etwa mittels Gestik, Mimik, Kleidung oder andere äußerliche Merkmale - „vorherrschende Grenzen in den Feldern zwischen Geschlecht und Sexualität herausfordern"[7], werden oft als Abweichung von dem wahrgenommen, was als *normal* gilt.

4 Mit dem Gender-Gap, dem Unterstrich zwischen maskuliner und femininer Endung eines Wortes, sollen Menschen, die sich im Zwei-Geschlechtermodell nicht verorten können, gleichermaßen sprachlich repräsentiert werden. Die Idee, die Binarität somit aufzubrechen, wurde von Steffen Kitty Herrmann adaptiert, welche_r dieses Stilmittel 2003 erstmals vorschlug. Vgl. http://de.wikipedia.org/wiki/Gender_Gap_%28Linguistik%29. (Stand:01.08.2012)

5 Während sich bisexuelles Begehren auf Personen des eigenen und eines anderen Geschlechts bezieht, wird geschlechtsunabhängiges Begehren auch als Multi- oder Pansexualität bezeichnet. Hier werden auch Trans- und Interidentitäten mitgedacht.

6 Der Begriff QUEER (deutsch: seltsam, sonderbar, verrückt, fragwürdig) wurde im englischsprachigen Raum ursprünglich als Abwertung für Lesben und Schwule genutzt. Einen Bedeutungswandel erfuhr QUEER durch die Nutzung des eigentlich negativ konnotierten Attributs als positive Eigenbezeichnung. Indem sich Menschen als QUEER – also quer zu sozialen Kategorien – bezeichnen, üben sie Kritik an Normalitätsvorstellungen und starren Identitätszuschreibungen.

7 Hartmann, Jutta: Dynamisierungen in der Triade Geschlecht – Sexualität – Lebensform: dekonstruktive Perspektiven und alltägliches Veränderungshandeln in der Pädagogik. In: Sielert, Uwe; Timmermanns, Stefan; Tuider, Elisabeth (Hgg.): Sexualpädagogik weiter denken. Postmoderne Entgrenzungen und pädagogische Orientierungsversuche. Weinheim, München 2004. S. 62.

Indem die Gesellschaft Menschen, die nicht normativ geschlechterkonform aussehen oder sich vermeintlich geschlechteruntypisch verhalten, abwertet oder ausgrenzt, verschließt sie sich vor alternativen Lebensentwürfen. Typische Schimpfworte auf Schulhöfen wie „schwule Sau", „Kampflesbe" oder „Transe", sind Zeichen dafür, dass Beleidigungen etabliert sind, die eine Überschreitung der erlernten Geschlechterrolle sanktionieren. Allerdings unterliegt die Normvorstellung, was eine Frau oder einen Mann ausmacht und wie sich diese zu verhalten haben, verschiedenen Trends und gesellschaftlichen Aushandlungen; sie sind historisch und soziokulturell wandelbar.

Die angloamerikanische Frauenbewegung der 1960er Jahre entlarvte erstmals politisch wirksam geschlechterspezifische Rollen, Fähigkeiten und Aufgaben, die von einer vermeintlich unwillkürlichen Geschlechterdifferenz abgeleitet wurden, als soziokulturelles Konstrukt. Die der feministischen Forschung entsprungenen *Queer* und *Gender Studies* grenzten das biologische Geschlecht (*sex*) von der gesellschaftlichen Zuordnung von Geschlechterrollen (*gender*) ab.[8] Intendiert wurde eine Enthierarchisierung und Entstereotypisierung der Geschlechter und die Emanzipation nicht-heterosexueller Orientierungen.

Diese dekonstruktiv-emanzipatorische Betrachtungsweise bildet den Ausgangspunkt der vorliegenden Arbeit. Indem gesellschaftliche Normen hinsichtlich der Geschlechtsidentität und der sexuellen Orientierung hinterfragt und auf die Gleichwertigkeit aller Lebensweisen als Kriterium einer liberalen Gesellschaft verwiesen wird, verfolgt die Arbeit einen Ansatz der Lebensweisenpädagogik. Diese antidiskriminierend arbeitende Pädagogik ist ausgesprochen jung und noch nicht weitläufig bekannt. Sie intendiert, Kindern und Jugendlichen sowie Lehrenden und Erziehenden gleichermaßen ein positives Bild von der Mannigfaltigkeit von Lebens- und Liebensformen sowie Wissen über schwule, lesbische, bi- und pansexuelle, transidente und intergeschlechtliche sowie queere Menschen (kurz: LSBTIQ*[9]) zu vermitteln. Sie regt „ein

---

8 Da im Deutschen mit dem Begriff GESCHLECHT keine Differenzierung zwischen biologischem und sozialem Geschlecht vorgenommen wird, übernahm man die Begriffe SEX (für das vermeintlich biologische Geschlecht) und GENDER (als soziale Kategorie) aus dem Englischen. Die Gender Studies beschäftigen sich demgemäß mit Geschlechterdifferenzierungen als soziokulturelle Konstrukte.

9 Wissenschaftliche Begriffe, die das menschliche Begehren und Geschlechtsempfinden kategorisieren, sind häufig keine Selbstbezeichnungen. Dieser Arbeit liegt allerdings ein emanzipatorisches Verständnis für Geschlecht zugrunde, weshalb das Akronym LSBTIQ durch einen Asterisken „*" erweitert wird, um auch Identitäts- und Lebensformen zu berücksichtigen, die sich keinem hier definierten Konzept von geschlechtlicher oder sexueller Identität zugehörig fühlen.

kritisches Nachdenken über Rollen- und Normvorstellungen von Frauen und Männern an"[10] und zielt damit auf eine norm-kritische, dekonstruktive, geschlechtersensible Erziehung und Sozialisation.
Indem Schule neben ihrer Aufgabe der Enkulturation - der Verinnerlichung gesellschaftlicher Denkstrukturen und kultureller Werte - ebenso der kritischen Bildung nachkommt, erfüllt sie ein essentielles Prädikat, welches der Erziehungswissenschaftler Heinz Günter Holtappels so formuliert:

> *»Schule bedeutet zugleich auch Gegenwelt und Gegenkultur, indem sie eine Grundbildung gewährt, die jenseits von medialer Informationsüberflutung, unreflektierten und unaufgeklärten Alltagserfahrungen und Zufälligkeiten, gegen die von ideologischen Einflüssen und Interessenlagen gefärbte mediale Wirklichkeitskonstruktion wirkt, gesellschaftliche Orientierung und Emanzipation von familiärer Sozialisation gewährt.«*[11]

Lebensweisenpädagogik kann „nicht zusätzlich zur alltäglichen Arbeit" begriffen werden, sie verweist vielmehr „auf eine Grundhaltung, die eigene Reflexions- und Handlungskompetenz erweitern zu wollen und die tägliche pädagogische Arbeit mit einem geschlechtergerechten Blick zu sehen und zu gestalten."[12] Indem die vorliegende Arbeit hinterfragt, inwiefern direkte Kontaktsituationen mit Lesben, Schwulen, bi- und multisexuellen, transidenten, intergeschlechtlichen und queeren Menschen negative Einstellungen gegenüber diesen Personengruppen reduzieren können, geht sie einer didaktischen Arbeitsform der Lebensweisenpädagogik nach, die nicht isoliert betrachtet werden darf, sondern nur den „Teil eines großes Pakets"[13] bildet.

---

10 Karawanskij, Susanne; Pates, Rebecca; Schmidt, Daniel (Hgg.): Antidiskriminierungspädagogik. Konzepte und Methoden für die Arbeit mit Jugendlichen. Wiesbaden 2010. S. 89.

11 Holtappels, Heinz Günter: Schulqualität durch Schulentwicklung und Evaluation. Konzepte, Forschungsbefunde, Instrumente. München 2003. S. 11.

12 Karawanskij et al.: S. 89.

13 Bade, Xenia: Homosexuelle Jugendliche in der Institution Schule. Handlungsbedarf und Handlungsmöglichkeiten. Diplomarbeit. Lüneburg 2008. S. 99.

2 | Hinführung: Geschlechtliche und sexuelle Vielfalt in der Schule

»Die Diskriminierung, die lesbische, schwule und transidente Jugendliche an deutschen Schulen erleiden, ist mit dem Fürsorgeauftrag von Erziehungs- und Bildungseinrichtungen nicht vereinbar.« [14]

Die pathetischen Worte Christine Lüders', der Leiterin der Antidiskriminierungsstelle des Bundes (ADS), veranlassen zu hinterfragen: Was unternimmt Schule, um negativen Einstellungen gegenüber LSBTIQ* entgegenzuwirken und damit Drangsalierungen und Ausgrenzung zu vermeiden? Trägt Schule zu einem positiven Selbstwertgefühl dieser stigmatisierten Gruppen bei, indem die sexuellen Orientierungen und Geschlechtsidentitäten in ihrer Vielfalt im Unterricht erwähnt und adäquat dargestellt werden?

2.1 Fehlendes Problembewusstsein

Die Kritik an der schulischen Umsetzung von Heterogenität, der Diskriminierungsprävention und der Sexualaufklärung ist nicht neu. Schon immer stellten sie eine Herausforderung für die schulische Praxis dar. Zwar beschäftigt sich die Schulentwicklung mit der Verbesserung der Lern- und Lebensbedingungen der Schüler_innen, doch ist auch hier eine fehlende Sensibilität für LSBTIQ*- und Gleichstellungsfragen zu verzeichnen. So macht etwa die Pädagogin Jeanne Rubner in einem schulpädagogischen Lehrwerk auf eine biologisch determinierte Geschlechterdifferenz aufmerksam, die sich u.a. dadurch äußere, dass Jungen von Natur aus lieber mit Bauklötzen als mit Puppen spielten. Intergeschlechtliche Menschen werden bei Rubner defizitär dargestellt, die als Feten nicht immer „die ‚richtige' Menge an Geschlechtshormonen"[15] erhielten, was zu „chemischen Fehlentwicklungen" im Gehirn und zu fehlge-

14 Lüders, Christine: Rede zur Tagung „Sexuelle Identität und Gender - (K)ein Thema in Schulbüchern?" am 20.05.12 in Berlin. URL: http://www.antidiskriminierungsstelle.de/SharedDocs/Reden/DE/2012/Sexuelle-Identitaet-in-Schulbuechern-20120420.html?nn=1848782. (Stand: 30.06.2012)

15 Rubner: S. 213.

bildeten Geschlechtsorganen führte, die sich allerdings „vervollständigen"[16] ließen. Ebenso zeigt ein weiteres ausgewähltes Kompendium zur Schulentwicklung ein mangelndes Problembewusstsein: Im Handbuch für Schulentwicklung von Bohl et al. wird zwar häufig eine gleichstellungsorientierte, demokratiepädagogische Position vertreten, aber weder die Geschlechterbinarität noch die Norm der Heterosexualität werden hier hinterfragt.[17] Bestimmte Lebensentwürfe werden so tabuisiert und erst gar nicht an Lehrkräfte herangetragen. Vom sensibilisierten Umgang mit Heterogenität kann diesbezüglich keine Rede sein. Stefan Timmermanns begründet daher die besondere Situation für Menschen jenseits der Heteronorm folgendermaßen:

> *»Jedwede Diskriminierung gleich welcher Gruppe von Menschen basiert vordergründig auf Ressentiments, Vorurteilen, Unwissenheit, Ignoranz und im Falle der Diskriminierung aufgrund der sexuellen Orientierung [und geschlechtlichen Identität (Anm. M. F.)] zusätzlich auf Tabuisierung und Totschweigen.«* [18]

Die in Gesellschaft und Schule erlebte Diskriminierung und die davon gekennzeichnete spezifische Lebenssituation von LSBTIQ*-Personen wird daher mit mangelnder Informations-, Aufklärungs- und Bildungsarbeit erklärt. Durch das Vermeiden des „heißen Eisens"[19] durch Lehrkräfte, die sich angesichts der Thematik überfordert oder unzureichend kompetent fühlen, werden LSBTIQ*-Identitäten tabuisiert. Sexualkunde wird zu oft auf das Fach Biologie beschränkt, das LSBTIQ*in häufig pathologisierendem Ton und unter biologistischen Motiven als Randerscheinung zusammenfasst.[20] Der *heimliche Lehrplan*, der durch die Alltagswahrnehmung und subjektiven Theorien der Lehrkräfte konstituiert wird, schließt weniger geläufige Lebensformen aus und überhöht

16 Rubner: S. 213.

17 Vgl. Bohl, Thorsten; Helsper, Werner; Holtappels, Heinz Günter; Schelle, Carla (Hgg.): Handbuch Schulentwicklung. Bad Heilbrunn 2010.

18 Timmermanns, Stefan: Keine Angst, die beißen nicht! Evaluation schwul-lesbischer Aufklärungsprojekte in Schulen. Aachen 2003. S. 9.

19 Vgl. Glück, Gerhard; Scholten, Andrea; Strötges, Gisela: Heiße Eisen in der Sexualerziehung. Weinheim 1992. Die Autor_innen gebrauchen den Begriff des „heißen Eisens" für die Scheu vor der Thematisierung von Homosexualität, soll hier aber erweiternd für LSBTIQ* verstanden werden.

20 In der Biologie erfolgt z. B. die Erwähnung von Geschlechtsverkehr oft nur unter den Aspekten der Fruchtbarkeit und/oder Empfängnisverhütung. In Kapitel 4.3 wird dies noch genauer besprochen.

mitunter die Norm als einzig möglichen Handlungsrahmen. Begehrensformen neben der Heterosexualität werden als nicht erstrebenswert mitgedacht, Trans- und Intergeschlechtlichkeit als bemitleidenswert interpretiert. Vor allem in der Jugendzeit, in der Schüler_innen ihre Identität entwickeln, erzeugt dies den Zwang, sich der Norm zu unterwerfen.[21]

2.2 Pädagogische Zielsetzung

„Durch die diskursive Konstruktion dessen, was als ‚normal' gilt, wird kontinuierlich das, was als ‚anders' gilt, mit konstruiert."[22] Erst starre, dichotome Differenzierungen führen zu Hierarchien und Generalisierungen. Bestimmte Personengruppen werden homogenisiert, verzerrt, fälschlich dargestellt oder finden in unserer Alltagsrealität keine Erwähnung. Auf der Grundlage dieser Bilder konstituieren wir, sofern wir keine widersprüchlichen direkten Erfahrungen machen, unsere Einstellung gegenüber Personengruppen wie LSBTIQ*. Allerdings hat der Mensch nicht nur eine gewisse Einstellung, sondern er handelt auch danach. So wird Diskriminierung als Ausdruck negativer oder feindseliger Einstellungen begriffen. Dementsprechend weisen Menschen, die lesbische, schwule, bi- und multisexuelle, transidente, intergeschlechtliche oder queere Personen kennen, weniger negative Einstellungen gegenüber diesen auf - so die Schlussfolgerung der Einstellungsforschung.[23]
Dieses Theorem soll der Ausgangspunkt für ein pädagogisches Konzept sein, das in dieser Arbeit vorgestellt wird. Angesichts der Tabuisierung von LSBTIQ* in Schulen, auf die eine noch immer mangelnde Akzeptanz in der Gesellschaft hinweist, und hinsichtlich der vermeintlich mangelnden Sensibilität und Kompetenz der Lehrkräfte bezüglich der Thematik wird eine Öffnung von Schule vorgeschlagen, durch die externe Vertreter_innen von LSBTIQ*-Aufklärungs- und Bildungsinitiativen in Kontakt mit den Kindern und Jugendlichen treten. Schule wird so als direkter Erfahrungsraum für Lernende

21 Diesen Effekt der normativen Konformität behandelt Kapitel 6.2.1 eingehend.

22 Küppers, Carolin: Soziologische Dimensionen von Geschlecht. In: APuZ. Geschlechtsidentität. 20-21/2012. S. 5.

23 Vgl. Steffens, Melanie Caroline: Diskriminierung von Homo- und Bisexuellen. In: APuZ. Homosexualität. 15-16/2010. S. 17

begriffen, in dem sie „lernen, soziale Beziehungen aufzubauen und sich mit dem Normen- und Wertesystem unserer Gesellschaft auseinanderzusetzen."[24]
Die Idee der Öffnung von Schule ist nicht neu. Derlei Bestrebungen gibt es in Deutschland bereits seit über 30 Jahren, die Idee stammt allerdings aus den USA. Dort gilt die *Community Education* als Arbeitsform innerhalb „Gemeinwesen orientierte[r] Ansätze in der Jugend- und Sozialarbeit"[25]. Durch das Zusammenarbeiten mit der Gemeinde übernahmen Schüler_innen mehr soziale Verantwortung und sammelten direkte, ihre Lebenswelt betreffende Erfahrungen. 1988 legte das Kultusministerium von Nordrhein-Westfalen ein Rahmenkonzept zur Gestaltung des Schullebens und Öffnung von Schule (GÖS) vor, dass gleichsam zum Ziel hatte, „das Schulleben und den Unterricht stärker auf die Lebenssituation der Kinder und Jugendlichen zu beziehen"[26].
Gemäß pädagogischer Leitideen dieses Konzeptes soll, so die Forderung der Arbeit, direkter Kontakt von Schüler_innen mit LSBTIQ*-Personen erfolgen. Indem Schule die Interaktion und Begegnung mit Externen zulässt, ermöglicht sie Lernenden, selbstständig und direkt Erfahrungen mit Menschen zu sammeln, die einer stigmatisierten Gruppe von Menschen angehören und einen spezifischen Lebenslauf aufweisen. Dadurch werden ihnen entweder von ihrer Erfahrungswelt divergierende Lebenskonzepte gewahr oder sie lernen ihnen ähnliche Individuen kennen, die - entgegen ihren Befürchtungen - eine gleichwertige Daseinsberechtigung besitzen und ebenso glücklich und erfüllt leben (können), wie herkömmliche Lebensentwürfe dies von sich suggerieren.
Das Anliegen dieser lebensweltorientierten Methode im Kontext der lebensweisenpädagogischen Arbeit ist die Reduktion negativer Einstellungen gegenüber LSBTIQ*. Dies soll zum einen bewirken, dass diskriminierenden Handlungen nachhaltig entgegengewirkt und zum anderen Schüler_innen, die sich jenseits der Heterosexualität und Geschlechterbinarität begreifen, ein angenehmeres und offeneres Lern- und Klassenklima ermöglicht wird, in dem nicht die Angst vor Anfeindungen überwiegt.

---

24 Schetsche, Michael; Schmidt, Renate-Berenike: Intime Kommunikation in der Schule. In: Schmidt, Renate-Berenike; Sielert, Uwe (Hgg.): Handbuch Sexualpädagogik und sexuelle Bildung. München 2008. S. 565.

25 Rixius, Norbert: Öffnung von Schule. In: Döbert, Hans; Ernst, Christian (Hgg.): Finanzierung und Öffnung von Schule. Basiswissen Pädagogik. Aktuelle Schulkonzepte Band 2. Stuttgart 2001. S. 73.

26 Ebd.

2.3 Vorgehensweise und Forschungsstand

Wissenschaftliche Untersuchen oder pädagogische Leitlinien zu gesteuerten Kontaktgelegenheiten mit LSBTIQ* im Schulkontext liegen bislang nicht vor, denn noch vor 20 Jahren wurde der Besuch von Vertreter_innen dieser Initiativen in Schulen als „Werbung für außerschulisches Intimverhalten"[27] verworfen. Seit geraumer Zeit gibt es allerdings aufgrund der erfolgreichen Emanzipation von Schwulen- und Lesbengruppen vermehrt Aufklärungs- und Bildungsprojekte, die sexuelle und geschlechtliche Vielfalt in Schulen thematisieren und selbst verkörpern. In beinah allen Bundesländern haben sich inzwischen diese überwiegend ehrenamtlich arbeitenden Initiativen gebildet. Einige sind darüber hinaus miteinander vernetzt, um Erfahrungen auszutauschen und ihre Arbeit zu professionalisieren.[28]

Wenngleich sich die Struktur und die Zielsetzungen der Projekte ähneln, so stützen sich nicht alle auf die gleichen Methoden und didaktischen Überlegungen für ihre Schulbesuche und sprechen auch nicht in gleichem Maße die Vielfalt der geschlechtlichen und sexuellen Identitäten an. So gibt es Teams, die etwa die Existenz von intergeschlechtlichen Menschen nicht thematisieren. Dies geschieht aus der Angst heraus, die Schüler_innen angesichts der kurzen und seltenen Schulbesuche zu überfordern und eher Verwirrung zu stiften, was Zerrbilder und Stereotypisierungen unweigerlich fördere. Ebenso gibt es Projekte, die Schulbesuche nur mit Teamer_innen veranstalten, die sich jenseits der Heteronorm begreifen – Heterosexuelle kommen in dieser Teamzusammensetzung nicht vor. Eine weitere Uneinigkeit besteht hinsichtlich der Segregation der Adressat_innen nach deren Geschlecht. Einige Teams lehnen die Aufteilung in Mädchen- und Jungengruppen während der Kontaktsituation kategorisch ab, um nicht die Binarität der Geschlechter, die sie im Grunde aufzubrechen versuchen, zu reproduzieren. Andere halten getrenntgeschlechtliche Kleingruppen insofern für förderlich, als dass diese die Gruppendynamik positiv beeinflussten: Jungen verhielten sich weniger dominant und seien

27 Vgl. GEW (Hg.): Lesben und Schwule in der Schule – respektiert!? Ignoriert?! Eine Synopse der GEW-Befragung der Kultusministerien. Frankfurt a. M. 2002. S. 40.

28 Auf der Internetpräsenz der Bundeskonferenz schwul-lesbischer Netzwerke e.V. ist eine Übersicht über die vernetzten LSBTIQ*-Aufklärungs- und Bildungsprojekte in Deutschland zu finden. URL: http://www.bksl.de/schulaufklaerung. (Stand: 28.04.2014) Zudem gründete sich im Jahr 2014 ein Bundesverband für Bildungs- und Aufklärungsarbeit im Bereich der sexuellen und geschlechtlichen Vielfalt. URL: http://www.queere-bildung.de (Stand: 10.08.2014).

aufgeschlossener, Mädchen nähmen aktiver an den Veranstaltungen teil und trauten sich eher Fragen zu stellen. Die vorliegende Arbeit versucht u.a. für diese didaktisch-methodischen Aspekte fundierte Ratschläge zu geben. Primat hat hierbei stets die Einstellungsänderung gegenüber LSBTIQ*.

Evaluationen zur Einstellung von Schüler_innen gegenüber Homosexualität vor und nach dem direkten Kontakt führte der Pädagoge Stefan Timmermanns im Jahre 2003 mit schwul-lesbischen Aufklärungsprojekten durch. Erkenntnisse seiner Studie werden in dieser Arbeit wiederholt aufgegriffen, um eigene Hypothesen wenn möglich mit empirischen Daten zu stützen. Auch gibt es mittlerweile zahlreiche Methodenvorschläge für den Einsatz von LSBTIQ*-Initiativen in Schulen. Eine Auswahl dieser werden als Vorschläge praktischer Umsetzung mit herangezogen. Allerdings erklären keine der bis heute vorliegenden Untersuchungen und Ausführungen die psychologischen Prozesse, die zu Verhaltens- und Einstellungsänderungen speziell infolge von Kontaktsituationen mit LSBTIQ* führen. Um einen erfolgversprechenden Kontakt in Schulen beschreiben und didaktische Ratschläge geben zu können, sind diese aber von Nöten. Daher werden zu Beginn der Arbeit sozialpsychologische Untersuchungen zu Effekten von Intergruppenkontakt und den Bedingungen für eine vorurteilsreduzierende Wirkung dieser Methode angeführt. Die Kontakthypothese des US-amerikanischen Psychologen Gordon Allport (Kapitel 3.1) und die Neuformulierung ebendieser Theorie durch seinen Schüler Thomas Pettigrew (Kapitel 3.3) werden zunächst vorgestellt, um auf dieser Basis deren praktische Anwendung auf den Intergruppenkontakt im Schulkontext vornehmen zu können (Kapitel 6). Gleichzeitig ist zum Verständnis der Wirkung des Intergruppenkontaktes das Wissen um die Entstehung und Folgen negativer Einstellungen nötig. Dazu werden kognitive Theorien vorgestellt, auf denen die Kontakttheorien basieren (Kapitel 3.2), denn die Vermittlung der Hintergründe negativer Einstellungen „im Klassenzimmer kann ein erster Schritt für deren Überwindung darstellen."[29]

Um zu schlussfolgern, welchen Vorbehalten und konkreten Diskriminierungen Menschen jenseits der Heteronorm im Alltag ausgesetzt sind, wird die spezifische Lebenssituation dieser geschlechtlichen und sexuellen Identitäten erfasst (Kapitel 4). Dabei wird vor allem auf die Heterogenität der vielfältigen

---

29 Schiederig, Katharina; Vinz, Dagmar: Gender und Diversity – Vielfalt verstehen und gestalten. In: Massing, Peter (Hg.): Gender und Diversity - Vielfalt verstehen und gestalten. Eine Einführung. Schalbach 2010. S. 16.

Lebensweisen hingewiesen, die im Alltag eher homogenisiert werden. Um anschließend die Relevanz von Kontaktsituationen mit LSBTIQ* zu verdeutlichen, wird die Ist-Situation an Schulen zur Thematisierung von geschlechtlichen Identitäten und sexuellen Orientierungen geschildert (Kapitel 5). Ebenso wird gezeigt, dass eine geschlechtersensible Erziehung und Sozialisation bereits viele Vorbehalte und Diskriminierungen vermeiden kann, und dass diese nicht nur für die Lebens- und Lernsituation von LSBTIQ* zuträglich ist, sondern für die Entfaltungsmöglichkeiten und das Wohlgefühl Aller.
Im letzten Abschnitt der Arbeit erfolgt die Zusammenführung der geschaffenen Grundlagen in ein Leitbild für Kontaktsituationen mit LSBTIQ* in Schulen: Wie kann didaktisch-methodisch Kontakt so etabliert werden, dass Schüler_innen negative Einstellungen gegenüber LSBTIQ* reduzieren (Kapitel 6)? Welche Prozesse müssen während des Kontaktes stattfinden und welche Informationen sind nötig, um falsche Generalsierungen und verzerrte Bilder dieser stigmatisierten Personengruppen entgegenzuwirken? Werden die erstrebten Effekte nachhaltig wirksam und können deshalb auch auf andere vulnerable Gruppen angewendet werden? Und welche Prozesse verhindern oder relativieren dies womöglich?
In der Schlussbetrachtung werden die gesammelten Informationen und zentralen Erkenntnisse zusammengefasst, ehe auf weiterführende Gedanken und noch offene Fragen verwiesen wird (Kapitel 7).

3 | Kontakt als Möglichkeit der Reduktion negativer Einstellungen

„Gehaßt wird das Unbekannte; damit man es hassen kann, muß es unbekannt bleiben."[30] Hinter dieser Polemik von Journalisten der Wochenzeitung *Die Zeit* - vor dem Hintergrund einer Berichterstattung zu gruppenbezogener Menschenfeindlichkeit gegenüber ausländischen Mitbürger_innen - versteckt sich die landläufige Annahme, dass bestimmte Gruppen, die vermehrt einander ausgesetzt sind und mehr übereinander erfahren, ihre zuvor negativen oder feindlichen Einstellungen gegenüber einander abbauen. Abneigungen oder Hass gegenüber Fremden[31], was sich durch diskriminierendes Verhalten[32] äußern kann, würde so reduziert oder im besten Falle gar vollständig beseitigt. Die Tatsache, dass der Hass gegenüber Nicht-Staatsbürger_innen in Städten mit hohem Migrationsanteil geringer ist, als in ländlichen Regionen ohne nennenswerte Migration, stützen die Vermutungen.[33] Auch der Ansatz integrativer Schulen und Kindergärten spiegelt die Annahmen wider.[34] Doch kann der Effekt so einfach pauschalisiert werden?

---

30 Drieschner, Frank; Kruse, Kuno; Stock, Ulrich: Das Deutsche und das Fremde. 01.11.1991. URL: http://www.zeit.de/1991/45/das-deutsche-und-das-fremde/seite-5. (Stand: 02.06.2012)

31 Fremdenfeindlichkeit wird oft als Xenophobie (übersetzt: Fremdenangst) bezeichnet. Die Sozialpsychologie kritisiert allerdings den Begriff, da es sich hierbei um keine Phobie im eigentlichen Sinne, sprich um eine krankhafte Angst, handelt, sondern um eine vorurteilsbelastete Einstellung, die gesellschaftliche Wurzeln hat und aus Unsicherheit und Unkenntnis resultiert. Homo- und Transphobie werden unter xenophobe Einstellungen gezählt und weisen die gleiche begriffliche Uneindeutigkeit auf. Vgl. Steffens: S. 14.

32 ILGA-Europe (*International Lesbian and Gay Association*) bezeichnet einen „Akt der Aggression und Gewalt, der bestimmte Menschen aufgrund ihrer (angenommenen) Zugehörigkeit zu einer diskriminierten Gruppe betrifft" als Hassverbrechen. Dieser Ansatz stammt aus den USA und wird dort strafrechtlich geahndet. In Deutschland fand der Begriff noch nicht Eingang in die Rechtsprechung. Vgl. Franzen, Jannik; Sauer, Arn: Benachteiligung von Trans*Personen, insbesondere im Arbeitsleben. Expertise im Auftrag der ADS. 2010. S. 25. URL: http://www.antidiskriminierungsstelle.de/SharedDocs/Downloads/DE/publikationen/benachteiligung_von_trans_personen_insbesondere_im_arbeitsleben.pdf?__blob=publicationFile. (Stand: 13.05.2012)

33 Vgl. Münchmeier, Richard: Miteinander – Nebeneinander – Gegeneinander? Zum Verhältnis zwischen deutschen und ausländischen Jugendlichen. In: Fischer, Arthur (Hrsg.): Jugend 2000- 13. Shell Jugendstudie. Band 1. Opladen 2000. „Gerade hochausländerfeindliche Jugendliche haben erheblich weniger Kontakte zu Nichtdeutschen, etwa in der Schule, am Arbeitsplatz oder in der Freizeit. Dazu paßt auch, daß Ausländerfeindlichkeit auf dem Lande und in Kleinstädten wesentlich mehr verbreitet ist als in den Städten, obwohl [...] auf dem Land kaum Fremde wohnen." (S. 258.)

34 Vgl. Mayer, Jennifer; Werth, Lioba: Sozialpsychologie. Heidelberg 2008. S. 415.

3.1 Die Kontakthypothese nach Allport

Seit knapp einem Jahrhundert untersuchen Psycholog_innen die Gültigkeit der Kontakthypothese und tatsächlich gibt es unterschiedliche Befunde zu den Auswirkungen intergruppaler Kontakte.[35] Eine Studie Watsons (1950) wies zum Beispiel eine Verstärkung von Vorurteilen auf, Befunde von Deutsch und Collins (1951) dagegen verzeichneten eine Reduktion.[36] Erst die Konstituierung von speziellen Kontaktbedingungen, die der Psychologe Gordon W. Allport in seinem Werk *The Nature of Prejudice* (1954) beschrieb, sollten die Diskrepanzen der verschiedenen empirischen Ergebnisse erklären. Demzufolge führen folgende Bedingungen zur Reduktion negativer Einstellungen innerhalb der Kontaktsituation:

(1) *Gemeinsame, übergeordnete Ziele,* d.h. wenn die Mitglieder beider Gruppen ein übergeordnetes Ziel gemeinsam anstreben und schätzen.

(2) *Intergruppale Kooperation,* d.h. das Erreichen des übergeordneten Zieles, ist ausschließlich durch Zusammenarbeit möglich, nicht aber durch interne Konkurrenz und Rivalität.

(3) *Statusgleichheit zwischen den Parteien,* d.h. wenn kein Hierarchiegefälle zwischen den Mitgliedern und ihren Gruppen vorliegt, wie dies bei einem Arbeitgebenden-Arbeitnehmenden-Verhältnis oder Lehrenden-Lernenden-Verhältnis der Fall ist.

(4) *Die Unterstützung durch Autoritäten bzw. Institutionen,* d.h. die Etablierung von Regeln und Normen durch Institutionen wie dem Gesetzgeber oder der Schule dienen als Handlungsrichtlinien für die gleichberechtigte Interaktion zwischen den Mitgliedern der Gruppen.

35 Den Ausgangspunkt der Forschung stellten Vorurteile zwischen Weißen und Schwarzen angesichts der Rassentrennung in den Vereinigten Staaten dar. Vgl. Weymar, Franziska: Zum Zusammenhang von intergruppalen Freundschaften und der Favorisierung der Eigengruppe. Eine empirische Studie im deutsch-polnischen Schulkontext. Greifswald 2010. S. 4. URL:http://ub-ed.ub.uni-greifswald.de/opus/volltexte/2010/836/pdf/Diss_Weymar_Franziska.pdf.

36 Vgl. Stürmer, Stefan: Die Kontakthypothese. In: Petersen, Lars-Eric; Six, Bernd (Hg.): Stereotype, Vorurteile und soziale Diskriminierung. Theorien, Befunde und Interventionen. Basel 2008. S. 283.

Die Theorie Allports wurde durch eine Vielzahl empirischer Untersuchungen gestützt (u.a. Pettigrew und Tropp 2006[37]) und zählt damit bis heute zu den einflussreichsten Perspektiven der Intergruppenforschung. Allerdings legte Allport mit seiner Hypothese alleinig Ausgangsvoraussetzungen dar, durch die negative oder feindliche Einstellungen reduziert werden können, erklärte aber nicht, durch welche Prozesse, also wie und warum der Kontakt zwischen Mitgliedern verschiedener Gruppen zu einer Veränderung in den Einstellungen und im Verhalten führt. Allports Schüler Thomas Pettigrew ging eben jenen Fragen nach, weshalb seine *Reformulated Intergroup Contact Theory*[38] (1998) als Erweiterung der Allport'schen Kontakthypothese zu verstehen ist.[39] Ausgehend von der Frage, welche Prozesse Fremdgruppenbilder beeinflussen, leitete Pettigrew ab, dass die Möglichkeit der Verbesserung von Einstellungen gegenüber Fremdgruppenmitgliedern durch das Auftreten folgender Faktoren zu verzeichnen ist[40]:

(1) *Wissenserwerb*: Gemäß verschiedener Untersuchungen (z.B. Stephan und Stephan 2005) spielt der Erwerb neuer den eigenen Vorurteilen widersprechender Informationen über die Fremdgruppe eine wichtige Rolle für den Abbau von Vorurteilen. Pauschalisierende negative Ansichten können so vermieden oder korrigiert werden.

(2) *Verhaltensänderung*: Zur Erreichung eines gemeinsamen Zieles ist kooperatives Verhalten und die Akzeptanz der Fremdgruppe notwendig. Dies kann Dissonanz auslösen, wenn davon ausgegangen wird, dass die vorherigen Verhaltensweisen gegenüber der Fremdgruppe von Vorurteilen und Vorbehalten geprägt war und der Kontakt mit der Fremdgruppe eine neue Situation darstellt. Dissonanz wird jedoch durch die Änderung der Einstellungen reduziert.

---

37 Vgl. Pettigrew, Thomas F.; Tropp, Linda R.: Interpersonal Relations And Group Processes. A Meta-Analytic Test of Intergroup Contact Theory. In: Journal of Personality and Social Psychology. Volume 90. Numbers 1-6 (January-June). Washington 2006. S. 751ff.

38 Pettigrew, Thomas F.: Intergroup Contact Theory. In: Annual Reviews of Psychology. Volume 49. Palo Alto 1998. S. 65.

39 Vgl. Farhan, Ina; Wagner, Ulrich: Programme zur Prävention und Veränderung von Vorurteilen gegenüber Minderheiten. In: Petersen, Lars-Eric; Six, Bernd (Hrsg.): Stereotype, Vorurteile und soziale Diskriminierung. Theorien, Befunde und Interventionen. Basel 2008. S. 277.

40 Vgl. Stürmer: S. 286f und Pettigrew (1998): S. 70ff.

(3) *Aufbau affektiver Bindungen*: Häufiger und längerer Kontakt zwischen Gruppen kann zum Abbau negativer Emotionen (Angst, Beklemmung, Unsicherheit) und zur Steigerung positiver Emotionen (Vertrautheit, Sympathie) gegenüber der jeweiligen Fremdgruppe führen, was Einfluss auf die Reduktion von Vorurteilen gegenüber einander haben kann.

(4) *Neubewertung der Eigengruppe*: Durch intergruppalen Kontakt lernen Menschen nicht nur Neues über die Fremdgruppe, sondern auch über die Eigengruppe und können deshalb dazu übergehen, die bisher als Norm empfundenen Moralvorstellungen und Richtlinien zu hinterfragen. Es besteht die Möglichkeit, dass die eigene Lebensform nicht mehr als die einzig mögliche, sondern als eine von vielen gleichwertigen akzeptiert wird.

Zentral für die Erfüllung dieser Output-Faktoren sei zuvorderst ein intensiver, wiederholter Kontakt.[41] Dies postulierte Allport bereits. Je öfter der Kontakt zwischen zwei Gruppen stattfinde, umso mehr Ängste, Unsicherheiten und Beklemmungen würden reduziert, Vertrautheit und Sympathie dagegen vermehrt. Durch den häufigeren bzw. wiederholten Kontakt würde Unwissenheit, Klischees und Ressentiments entgegengewirkt.[42] Pettigrew ging jetzt weiter und konstatierte: Kontaktgelegenheiten müssen die Chance bieten, „Freundschaften über Gruppengrenzen hinweg zu entwickeln."[43] Nur so seien positive Effekte zu erwarten, welche Menschen dazu veranlassen, ihre Einstellungen zu ändern. Außerdem erfüllten Freundschaften eben genau jene Kontaktbedingungen, die Allport beschrieb. In zahlreichen Studien wurden diese Annahmen bestätigt (z.B. Aberson, Shoemaker und Tomolillo 2004[44], Herek und Capitanio 1996, Pettigrew 1997[45]).
Empirische Ergebnisse zur Anwendung der Intergruppenkontakttheorie in Schulkontexten zeigten ihre praktische Realisierbarkeit (u.a. Stephan 1999).[46] Auch eine Meta-Analyse von Pettigrew und Linda Tropp (2006) bestätigte abermals „eindrucksvoll die vorurteilsreduzierende Wirkung von Intergrup-

41 Stürmer: S. 284.
42 Vgl. Mayer und Werth: S. 417.
43 Stürmer: S. 284.
44 Vgl. Weymar: S. 129.
45 Vgl. Stürmer: S. 286.
46 Vgl. Farhan und Wagner: S. 277.

penkontakt."[47] Die Analyse von über 500 Primärstudien aus 38 Nationen zeigte aber auch, dass die von Allport formulierten Bedingungen nicht unbedingt sämtlich erfüllt sein müssen, um negative Einstellungen zu reduzieren und den Kontakt damit als erfolgreich oder optimal bezeichnen zu können. Unter suboptimalen Bedingungen konnte eine Vorurteilsreduktion ebenso verzeichnet werden.[48] Damit wurden Allports Annahmen relativiert und die Kontaktbedingungen als unterstützend, aber nicht zwangsläufig angesehen. Gleichzeitig wurde zunehmend Kritik laut, die von Allport spezifizierten Variablen, die optimalen Kontakt beschrieben, seien zu umfangreich und mannigfaltig, als dass Kontaktsituationen stets alle Bedingungen erfüllen konnten.[49] Aufgrund dessen integrierte Pettigrew mit seiner Intergruppenkontakttheorie weitere Modelle in Allports Hypothese - in der Hoffnung, Vorgänge generalisieren zu können, die eine maximale Reduktion negativer Einstellungen nach sich bringen.

Verständlich wird das integrative Modell allerdings erst, wenn geklärt ist, auf welche sozialpsychologischen Grundannahmen sich Allport und Pettigrew stützten, um die Entstehung von Stereotypen und Vorurteilen zu erklären. Im Anschluss werden daher kognitive Theorien zur Entstehung negativer Einstellungen vorgestellt. Dabei soll gleichzeitig jene Frage beantwortet werden, die sich automatisch bei der Beschäftigung mit Intergruppenkontakt ergibt: Wieso genügt es nicht, Schüler_innen lediglich Wissen über Minoritäten oder stigmatisierte Gruppen - wie LSBTIQ*-Personen - zu vermitteln, um negative Einstellungen zu reduzieren? Dass gegen tief sitzende negative Einstellungen nicht mit logischen Argumenten anzukommen ist, liegt - wie Allports gleichnamiges Werk vermuten lässt - in *The Nature of Prejudice.*

---

47 Farhan und Wagner: S. 277.

48 So konnte ermittelt werden, dass der mittlere negative Effekt von Kontakt auf Vorurteile unter den von Allport formulierten Kontaktbedingungen signifikant stärker waren, nicht gezielt strukturierte Kontakte wiesen allerdings ähnliche Zusammenhänge auf, wenn auch nicht so starke. Vgl. Stürmer: S. 289.

49 Vgl. Weymar: S. 9.

3.2 Die Natur des Vorurteils

„Schwule Männer sind unmännlich. Sie geben sich betont weiblich. Sie sind eitel und nur auf ihr Aussehen bedacht." Sie „sind hormongesteuert und völlig hilflos ihren sexuellen Trieben ausgeliefert. Egal wo und mit wem, Hauptsache Sex mit Männern." Die Lesbe ist „pseudomännlich, unansehnlich, bissig und uncharmant. Und dann nimmt sie den Männern auch noch den Job weg und dringt in Bereiche vor, die Männern vorbehalten sind. Und weiß gar nicht, wie richtiger Sex geht." Kurz gesagt: „Schwule und Lesben sind Gesellschaftsparasiten. Sie vergnügen sich, sind egozentrisch und setzen keine Kinder in die Welt. Folglich sind sie für das Aussterben der Menschheit verantwortlich."[50]

Derlei Vorurteile gegenüber bestimmten Personengruppen, wie hier gegenüber Menschen mit gleichgeschlechtlicher sexueller Orientierung, sind allgemein bekannt. Auch wenn Menschen diese negativen oder feindseligen Haltungen ablehnen, so sind sie sich doch deren Existenz bewusst. Doch müssen Vorurteile nicht unbedingt negativ konnotiert sein, denn „Voreingenommenheit sowohl *für* wie *gegen*"[51] eine Person oder Sache ist möglich, ohne dass dieser eine vorausgehende Erfahrung zugrunde liegt (bspw.: „Schwule sind viel gepflegter als heterosexuelle Männer"). Die ausschließlich negative Betrachtung von Vorurteilen wird daher von einigen Sozialpsycholog_innen kritisiert.[52] Nichtsdestotrotz wird das Vorurteil, dessen negativen Aspekte für die Wissenschaft aufgrund ihrer gesellschaftlichen Bedeutung Relevanz hat, in dieser Arbeit in Anlehnung an die Definition Allports und mit den Worten Weymars wie folgt verstanden:

> *»Bei einem Vorurteil handelt es sich um eine negative Einstellung gegenüber einer Gruppe bzw. gegenüber Mitgliedern dieser Gruppe, die auf fehlerhaften und starren Verallgemeinerungen gründet.«* [53]

---

50 Sendung „scobel" im 3sat vom 10.11.2011. Der Kommentator zeigt hier gängige Vorurteile gegenüber Homosexuellen auf. URL: http://podfiles.zdf.de/podcast/3sat_podcasts/111110_tabuhomo sex2_scobel_p.mp3. (Stand: 24.05.2012)

51 Allport, Gordon W.: Die Natur des Vorurteils. Köln 1971. S. 20.

52 Vgl. Akert, Robin M.; Aronson, Elliot; Wilson, Timothy D.: Sozialpsychologie. 6., aktualisierte Auflage. München 2008. S. 424.

53 Weymar: S. 27.

3.2.1 Stereotypisierung als Voraussetzung für Vorurteile

Innerhalb der Vorurteilsforschung erfuhr der Terminus technicus einen Paradigmenwechsel. Anfang des 20. Jahrhunderts wurden Vorurteile noch „psychopathologisch, also als eine gefährliche Abweichung vom normalen Denken“[54] gesehen, während sie ab der zweiten Hälfte des 20. Jahrhunderts vor allem durch die Beschäftigung mit der Kontakthypothese und nicht zuletzt auch durch Allports kognitiven Erklärungsansatz „nicht mehr als Resultat abnormaler, sondern normaler Prozesse“ definiert wurden, „welche in der Identitätsentwicklung eines jeden Menschen verankert sind“[55]. Die Entpathologisierung des Begriffs machte ihn alltags- und gesellschaftsrelevant. Denn dies hieß, dass jede_r Vorurteile aufweisen kann aufgrund des unvermeidlichen kognitiven Prozesses der sozialen Kategorisierung. Dieser Mechanismus beruht auf der Arbeitsweise unseres Gehirns, Verallgemeinerungen, Ideen und Kategorien zu bilden, „um die Verarbeitung von Reizvielfalt zu erleichtern und schnelle adäquate Reaktionen [...] zu ermöglichen.“[56] Diese Stereotype bilden nur den kognitiven Teil von sozialen Einstellungen gegenüber Gruppen oder Personen. Wird mit dem_der Interaktionspartner_in ein bestimmtes Stereotyp aktiviert (z.B. indem sich ein männlicher Gesprächspartner auffallend gepflegt und modebewusst zeigt), wird mit der besagten Person auf Basis internalisierter Stereotype sofort eine bestimmte Vorstellung verbunden (z.B. „Der Mann ist schwul!“). Der Kategorisierungsprozess ist unvermeidbar, denn der „menschliche Verstand braucht zum Denken Kategorien“[57]. So können wir zwar nicht unterdrücken, dass uns Stereotype bewusst werden, doch können wir die Informationsverarbeitung, die durch Stereotype aktiviert wird, kontrollieren, indem wir die „Informationen zurückweisen oder ignorieren“[58]. Die Aktivierung von Stereotypen beschrieb Patricia G. Devine 1989 in ihrem Zwei-Prozess-Modell, indem sie nachwies, dass vorurteilsfreie Menschen eher „solche kontrollierenden Prozesse einsetzen, die dann

---

54 Weymar: S. 25.

55 Ebd.

56 Otten, Sabine: Vorurteil. In: Bierhoff, Hans-Werner; Frey, Dieter (Hgg.): Handbuch der Sozialpsychologie und Kommunikationspsychologie. Göttingen 2006. S. 440.

57 Allport: S. 34.

58 Piontkowski, Ursula: Sozialpsychologie. Eine Einführung in die Psychologie sozialer Interaktion. Oldenbourg 2011. S. 179.

die aktivierten Stereotype unterdrücken oder dominieren."[59] Allerdings konnten neuere Studien zeigen, dass es Menschen nicht immer gelingt, die Oberhand über ihre Stereotype zu ergreifen. Ablenkung oder Stress lassen solche Kontrollprozesse verringern. Auch beeinflussen die „zur Verfügung stehenden kognitiven Ressourcen"[60] das Ausmaß der Stereotypisierung.
Die Größe der Schubladen, in die der Mensch seine Umwelt packt, ist demnach kognitiv und situativ determiniert. Dabei ist zu beachten, dass, „je weiter und globaler eine Kategorie gefasst wird, und je mehr Personen ihr damit zugeordnet werden können", zunehmend detaillierte Informationen über die jeweiligen Mitglieder der Kategorie abhanden kommen „so dass Kategorisierung [...] unweigerlich mit Informationsverlust verbunden ist."[61] Dieser führt zu Generalisierungen, die Fehlinterpretationen hervorrufen können.

3.2.2 Auswirkungen von Stereotypen

Eine noch immer jegliche Kommunikation beherrschende Kategorie ist das Geschlecht, das wir dem_der Interaktionspartner_in zuweisen und an das wiederum Attribute geknüpft sind.[62] In unserer Gesellschaft werden Frauen oftmals für höflicher, verständnisvoller aber auch devoter und irrationaler als Männer gehalten. Diese Geschlechterrollenzuschreibungen sind ebenso „Bilder, die sich als schablonisierte und schematisierte Vorstellungsinhalte zwischen unsere Außenwelt und unser Bewusstsein schieben"[63], wie der Journalist Walter Lippmann bereits 1922 Stereotype beschrieb. Diese Zuschreibungen haben nachgewiesener Maßen Auswirkungen auf unser Verhalten. J. E. Jacobs und J. S. Eccles wiesen dies 1992 an Kindern nach, die gemäß vorherrschender Geschlechterstereotype sozialisiert wurden und diese auf sich übertrugen - was die Hartnäckigkeit dieser Konstrukte erklärt. So war zu verzeichnen, dass „Mütter ihre Kinder nach dem Bild [formen (Anm. M. F.)], das sie von ihnen

59 Piontkowski: S. 180.

60 Petersen, Lars-Eric; Six-Materna, Iris: Stereotype. In: Bierhoff, Hans-Werner ; Frey, Dieter (Hgg.): Handbuch der Sozialpsychologie und Kommunikationspsychologie. Göttingen 2006. S. 432.

61 Ebd. S. 431.

62 Die Geschlechterkategorie wird zu den natürlichen Kategorien zugeordnet, die – nach Piontkowski – ebenso die Kategorien der Rasse, Ethnie und des Alters umfassen und von „allen Menschen geteilt" werden, wenngleich sie „in Abhängigkeit vom sozialen und kulturellen Kontext unterschiedliche Attribute" haben. Siehe: Piontkowski: S. 176.

63 Petersen und Six-Materna: S. 430.

haben und [...] dadurch bildinkompatible Begabungsansätze"[64] hemmen. Die Sozialpsychologin Ursula Piontkowski beschreibt die Erkenntnisse der Untersuchung wie folgt:

> »*Hatten die Mütter z. B. ein Stereotyp über die mathematischen Fähigkeiten von Jungen und Mädchen, nach dem natürlich die Jungen eine höhere mathematische Begabung haben als Mädchen, so überschätzten sie die mathematischen Fähigkeiten der Jungen und unterschätzten die der Mädchen.* «[65]

Das beeinflusste die Selbstwahrnehmung der Kinder und äußerte sich in Form einer selbsterfüllenden Prophezeiung, die der Sozialpsychologe Elliot Aronson so formuliert: „Wenn Mütter glauben, dass ihre Kinder nicht so gut abschneiden werden, sind die Chancen groß, dass diese tatsächlich schlechter abschneiden, als sie es ansonsten vielleicht getan hätten."[66]
Von großer Bedeutung für die Arbeit ist ein weiteres Ergebnis der Untersuchung Jacobs' und Eccles': Demnach hat die Einschätzung der Lehrperson weniger Einfluss auf die Selbstwahrnehmung der Kinder, obwohl „die Einschätzung durch den Lehrer in der Regel direkter und fachkompetenter"[67] ist. Das Elternhaus führt damit als Sozialisationsinstanz verstärkt zur Internalisierung normativer Einstellungen, während die Schule weniger Einfluss auf die Selbstwahrnehmung der Schüler_innen hat.
Beurteilt man einen Menschen anhand starrer Stereotype, ohne weitere Informationen oder Ausnahmen von der Regel in Betracht zu ziehen, und lässt man sich von dieser möglicherweise fehlerhaften Generalisierung überzeugen, wird das gesellschaftliche Stereotyp akzeptiert und dadurch ein soziales Vorurteil geschaffen (Bsp.: „Alle Frauen sind irrational!"). Verhält man sich zudem gemäß der vorgenommenen Schubladifizierung (bspw. in dem man Frauen als nicht gleichwertig mit Männern bezeichnet oder weniger Erwartungen an sie knüpft), handelt es sich um die Diskriminierung einer Person – und damit der ihr zugeschriebenen Gruppe (Frauen).

---

64 Piontkowski: S. 177.
65 Ebd.
66 Akert et al.: S. 427.
67 Piontkowski: S. 177.

Diskriminierendes Verhalten erstreckt sich von der Unterprivilegierung einer Person(engruppe), über ihrem sozialen Ausschluss bis hin zu Beleidigungen oder physischer Gewalt, wobei offenkundige Diskriminierungen in einer liberaler werdenden Gesellschaft immer seltener vorkommen. Allerdings darf nicht auf eine sinkende Vorurteilskultur geschlossen werden, Diskriminierungen können sich schließlich ebenso subtil äußern.[68]
Ebenso kann die Pauschalisierung positiver Seiten einer bestimmten Gruppe von Menschen in Form einer *umgekehrten* Diskriminierung verletzend sein. Dieser Fehler unterlief z.B. dem Sexualwissenschaftler Volkmar Sigusch, als er konstatierte:

> *»In den letzten Jahrzehnten sind Heterosexuelle gleichsam homosexualisiert worden, in dem Sinn, dass sich auch Heterosexuelle homosexuelle Freiheiten herausnehmen: keine Kinder, keine rigiden Geschlechterrollen, alles für sich selbst, One-Night-Stands, markante Körperpflege usw.«* [69]

Auch die Anstellung oder Beschäftigung einer Person aufgrund ihrer Gruppenzugehörigkeit (Minorität) anstatt ihrer Kompetenz ist eine Art der Diskriminierung unter dem Deckmantel symbolischer Gleichstellung.[70]Auch darf nicht ausgeschlossen werden, dass eine Gesellschaft, die sich wie unsere als liberal begreift, strukturelle Diskriminierungen, d.h. ganzheitlich ungleichwertige Behandlungen auf Grundlage eines breiten gesellschaftlichen Konsens, aufweist. Diese werden in Kapitel 3 durch die Erläuterung politischer Debatten um die Eingetragene Lebenspartnerschaft oder das Transsexuellengesetz (TSG) illustriert.
Die mit der abwertenden Betrachtung von Personen oder Gruppen einhergehenden negativen oder feindseligen Emotionen bedingen diskriminierende Verhaltenstendenzen.[71] Kognitionspsychologe Markus Kiefer unterstreicht

---

68 In liberalen Gesellschaften, wollen Menschen nicht als vorurteilsbehaftet oder voreingenommen erscheinen und greifen deshalb mitunter zu subtileren Diskriminierungsformen. Vgl. Hewstone, Miles; Jonas, Klaus; Stroebe, Wolfgang (Hgg.): Sozialpsychologie. Eine Einführung. 5., vollständig überarbeitete Auflage. Heidelberg 2007. S. 489.

69 Sigusch, Volkmar. Zitiert nach: „scobel" - Sendung im 3sat vom 10.11.2011.

70 Vgl. Ebd. Vor diesem Hintergrund ist z.B. die Frauenquote zu diskutieren, die die Zugehörigkeit von Menschen zur Gruppe *Frau* umgekehrt diskriminiert. Eine wirkliche Gleichstellung wird verhindert durch Intergruppendifferenzierung.

71 Vgl. Otten: S. 437.

dies, indem er von einer grundsätzlichen emotionalen Determination der Kognition spricht: „Gefühle sind ganz zentral, wenn es um die Steuerung unserer Handlungen geht."[72] Was Vorurteile also so resistent erscheinen lässt, ist demnach ihre affektive Komponente, die dazu beiträgt, „dass Vorurteile unter Umständen geradezu fanatisch vertreten werden und häufig schwer zu verändern sind"[73]. Erfahrungen laufen in der Regel unbewusst ab und finden niemals ohne Emotionen statt. Diese können unsere Sicht auf die Welt verzerren.[74] Verbindet man also ein unangenehmes Erlebnis mit einer Personengruppe oder ist ängstlich, weil man der Gruppe oder einem Mitglied der Gruppe vorher noch nicht persönlich begegnet ist, dann beeinflusst diese Emotion das Bild über die Person(engruppe).[75] Es kann auch sein, dass jemand als Bedrohung angesehen wird: Im Falle von LSBTIQ* etwa erscheinen althergebrachte, selbstverständliche Regeln und Normen vermeintlich vorsätzlich missachtet, indem alternative Lebensweisen gegen die etablierte Geschlechterdichotomie und Heteronormativität verstoßen. Psychologe Udo Rauchfleisch zeigt den kurzen Weg von der Verunsicherung zur Abneigung wie folgt auf:

> *»Die [...] Beunruhigung steigert sich gerade bei Menschen, die sich aufgrund eigener Unsicherheit stark an äußeren Regeln und Autoritäten orientieren, zu großer Angst und schlägt nicht selten in eine massive Aggressivität denen gegenüber um, die sie mit der ihnen fremden Lebensart konfrontieren.«* [76]

---

72 Kiefer, Marcus. Zitiert nach: Albrecht, Harro: Denken ist die Simulation gemachter Erfahrungen. In: DIE ZEIT vom 09.05.2012.

73 Mayer und Werth: S. 380.

74 Daher ist es auch schwierig alle Vorurteile einer Person zu erfassen. Die Sozialpsychologie untersucht daher explizite (bewusste) und implizite (unbewusste) Vorurteile mithilfe verschiedener Methoden. Vgl. Piontkowski: S. 181ff.

75 So haben sozialpsychologische Untersuchungen ergeben, dass der Mensch stets verunsichert, ängstlich und zu großen Teilen aggressiv reagiert, sobald er mit ihm unbekannten oder fremden Verhaltensweisen konfrontiert ist. Vgl. Rauchfleisch, Udo: Schwule, Lesben, Bisexuelle. Lebensweisen, Vorurteile, Einsichten. 4., neu bearbeitete Auflage. Göttingen 2011. S. 167.

76 Ebd. Weiter zeigt Rauchfleisch auf: „Die von den herkömmlichen Regeln Abweichenden werden nicht nur gehasst und verachtet, sondern zumindest heimlich auch ein Stück weit bewundert und neidvoll betrachtet, nehmen sie sich doch einen Freiraum, den die anderen eigentlich auch gerne besäßen, sich jedoch nicht zugestehen." (Ebd.)

Hat der Mensch erst einmal eine negative Einstellung, ist es schwer diese zu ändern, denn neue Erfahrungen werden „erst einmal in das bewährte Konzept eingebaut. Erst wenn sehr massive Diskrepanzen auftreten, ist man bereit, von althergebrachten Positionen abzuweichen."[77] Daher können auch verständige oder intellektuelle Menschen gegenüber vernünftigen und nachvollziehbaren Argumenten immun sein. Zudem kommt es zu fehlerhaften Generalisierungen oder Überzeugungen, wenn „die nötige erfahrungsbasierte Korrektur fehlt", denn nur „die selbst gemachte Erfahrung hat die Unmittelbarkeit, die unser Gehirn sofort versteht."[78]

3.2.3 Die Theorie der sozialen Identität

Generell werden drei Komponenten von negativen Einstellungen eingeteilt:

(1) Die *kognitive Komponente*, die als Stereotyp repräsentiert wird, also „Wissensstrukturen [...], die die sozial geteilten Überzeugungen bezüglich der Merkmale enthalten, die eine Gruppe und ihre Mitglieder auszeichnen."[79]

(2) Die *affektive Komponente* in Form von Vorurteilen, d.h. negativen Empfindungen gegenüber Personen aufgrund ihrer Zugehörigkeit zu einer Gruppe.

(3) Die *konative oder Verhaltenskomponente* als diskriminierende Verhaltensform, die „Ausdruck von Vorurteilen in ungerechtfertigt negativem oder schädlichem Verhalten gegenüber Personen aufgrund ihrer Zugehörigkeit zu einer Fremdgruppe"[80] ist.

Von einem echten Vorurteil wird gesprochen, wenn kognitive und affektive Komponenten gemeinsam auftreten. Nur das Aufweisen stereotypen Wissens enthält noch keine Wertung gegenüber einer Gruppe oder Person und kann daher nicht als negative Einstellung bezeichnet werden. Gleichsam muss das Aufweisen von Vorurteilen nicht bedeuten, dass es zwangsläufig zu diskriminierendem Verhalten kommen muss.

---

77 Kiefer. Zitiert nach: Albrecht.
78 Ebd.
79 Mayer und Wert: S. 379.
80 Ebd. S. 380.

Bezugnehmend auf die kognitiven Theorien über die Entstehung von Vorurteilen erscheint die Kontakthypothese immer gesellschaftsrelevanter und erfolgversprechender. Allport betonte dabei besonders die Unterscheidung zwischen Eigen- und Fremdgruppe. Damit verfolgte er eine Herangehensweise, die in der Sozialpsychologie bis dahin neu war und Ansätze der später durch Tajfel und Turner formulierten Theorie der sozialen Identität (1979) enthielt. In *The Nature of Prejudice* postuliert Allport, dass „der Mensch eine Neigung zum Vorurteil hat"[81], da er stets nach einer positiven sozialen Identität strebe. Sobald wir uns bestimmten Kategorien zuordnen, wissen wir auch, welchen Kategorien wir uns nicht zuordnen (möchten). Rechnen wir uns zu einer bestimmten Personengruppe (Mann, Dicke, Lesben, Alte), dann schreiben wir dieser Gruppe gleichzeitig positivere Eigenschaften zu als den Gruppen, mit denen wir uns nicht identifizieren. Diese Eigengruppenfavorisierung oder *intergroup bias* bezeichnet die Tendenz des Menschen, durch die Identifizierung mit seinen Eigengruppen, diese zu idealisieren und schön zu reden - was zu einem guten Selbstwertgefühl verhilft - und sich dabei von anderen zu distanzieren, indem sie negativ besetzt werden. In der Sozialpsychologie wird dies als positive Distinktheit bezeichnet. Diese führt zu unterschiedlichen Intergruppenverhaltensweisen und im Extremfall zur ausgesprochenen Aufwertung der Eigengruppe bei gleichzeitiger Abwertung der Fremdgruppe.[82] Stereotype, Vorurteile und Diskriminierung sind die Resultate. Indem etwa familialistische Verbände homosexuellen Paaren die Fähigkeit der Kindererziehung absprechen oder die gleichgeschlechtliche Sexualität als defizitär und egoistisch bezeichnen, ist dies Ausdruck der Abwertung einer Fremdgruppe zugunsten der Eigengruppe, die hier als gemeinnützig, einträglich und daher überlegen dargestellt wird.

Dieses Erklärungsmodell negativer Einstellungen liegt der Kontakthypothese zugrunde und macht deutlich, weshalb es Allport für wichtig erachtet, Ausgangsbedingungen zu formulieren, die die Gleichwertigkeit der beteiligten Gruppen betonen. Pettigrews Neuformulierung der Hypothese begreift Allports Bedingungen ebenfalls als Handlungsrahmen und integriert in das vorhandene Modell weitere Modelle, die die Gruppendifferenzierung unterminieren soll.

---

81 Allport: S. 41.

82 Vgl. Hewstone et al.: S. 500.

3.3 Die Generalisierung von Kontakt - Pettigrews Intergruppenkontaktmodell

Im Sinne der sozialen Identitätstheorie ist die soziale Kategorisierung eine „notwendige Bedingung für Stereotypisierung, Vorurteile und soziale Diskriminierung.“[83] Aus diesem Grunde versucht Pettigrew in seiner Intergruppenkontakttheorie den Mechanismus sozialer Kategorisierung zu steuern. Frei nach dem Leitsatz Elliot Aronsons „Der erste Schritt zum Vorurteil ist das Erschaffen von Gruppen“[84] erzielt Pettigrews Ansatz die relative Bevorzugung der Eigengruppe (*ingroup bias*) zu reduzieren. Geht man davon aus, dass saliente oder auffällige Gruppengrenzen Intergruppendiskriminierung und Eigengruppenfavorisierung begünstigen, so dienen folgende Modelle dazu, die Wahrnehmung klarer Gruppengrenzen aufzuweichen und somit den *intergroup bias* zu reduzieren:

(1) Das *Modell der Dekategorisierung* versucht bestenfalls die ursprünglichen Gruppengrenzen aufzulösen, indem nicht mehr zwischen Fremd- und Eigengruppe differenziert werden kann.

(2) Das *Modell der Rekategorisierung* erzielt die Auflösung der vormaligen Definitionen für Fremd- und Eigengruppe und die Integration der ursprünglichen Fremdgruppe ins „Wir“.

(3) Das *Modell der wechselseitigen Differenzierung* stellt die Andersartigkeit der Fremdgruppe fest unter Berücksichtigung einer positiven Wertschätzung.

Pettigrew integriert diese Modelle in die Intergruppenkontakttheorie und wendet sie in zeitlicher Dimension an[85]. Demnach soll der anfängliche Kontakt auf interpersoneller Ebene stattfinden und von Dekategorisierung geprägt sein, d.h. die Beteiligten sollen sich eher als einzelne Individuen wahrnehmen, anstatt als Mitglieder einer Gruppe. Die Unterminierung, d.h. das Vergessen oder Ignorieren von Gruppenmitgliedschaften kann zu wechselseitigen Sym-

83 Matschke, Christina; Otten, Sabine: Dekategorisierung, Rekategorisierung und das Modell wechselseitiger Differenzierung. In: Petersen, Lars-Eric; Six, Bernd (Hgg.): Stereotype, Vorurteile und soziale Diskriminierung. Theorien, Befunde und Interventionen. Basel 2008. S. 292.

84 Aronson, Elliot. Zitiert nach: Mayer und Werth: S. 403.

85 Vgl. Piontkowski: S. 201.

pathien führen sowie Misstrauen und Berührungsängste abbauen.[86] Später soll die soziale Kategorisierung auf intergruppaler Ebene wieder salienter werden, das heißt, indem „die Mitglieder der verschiedenen Gruppen unterschiedliche aber komplementäre Rollen bei der Arbeit für ein gemeinsames Ziel einnehmen [...] behalten beide Gruppen ihre positive Distinktheit und können durch Kooperation positive Kontakterfahrungen machen."[87] Der Grund für die angestrebte Distinktion ist folgender: Verschwimmen die Grenzen zwischen Eigen- und Fremdgruppe, kann nicht versichert werden, dass die positiven Effekte des Kontaktes auf die gesamte Fremdgruppe übertragen werden können und die Effekte von Dauer sind.[88] Zum Schluss soll es auf übergeordneter Ebene zur Rekategorisierung kommen, das heißt zu einer positiveren Bewertung der ursprünglichen Fremdgruppenmitglieder durch die Bildung einer neuen übergeordneten sozialen Kategorie, in der Eigen- und Fremdgruppe zusammengefasst werden und somit die Aufmerksamkeit auf (zuvor wahrgenommene) Kategorienunterschiede reduziert wird.[89]

Die praktische Umsetzbarkeit der einzelnen Modelle wurde bereits mehrfach empirisch nachgewiesen (u.a. Pettigrew 1997 zum Dekategorisierungsmodell; Gaertner und Dovidio 2002 zur Rekategorisierung; Brown, Vivian und Hewstone 1999 zur wechselseitigen Differenzierung). Und auch die Integration der Modelle in die Intergruppenkontakttheorie gilt als empirisch gut belegte Hypothese.[90] Allerdings sind keine Daten zu Intergruppenkontakten mit LSBTIQ*-Personen bekannt, die eine Generalisierung von Kontakt auch auf diese Personengruppen unterstreichen. Dahingehend besteht noch Forschungsbedarf. Deshalb bietet es sich an, folgender pädagogisch-psychologischen Frage nachzugehen: Führt der Kontakt zwischen Schüler_innen und Vertreter_innen von LSBTI-Aufklärungsinitiativen zum Abbau von negativen Einstellungen gegenüber LSBTIQ*?

Weiterhin wird aus didaktischem Interesse nach der Langzeitwirkung und Generalisierung möglicher Kontakterfolge gefragt: Lassen sich die Wirkungen des Intergruppenkontaktes von den einzelnen Mitgliedern der Fremdgruppe auf die gesamte Fremdgruppe übertragen? Kann also davon ausgegangen

86 Vgl. Matschke und Otten: S. 295.
87 Piontkowski: S. 202.
88 Vgl. Matschke und Otten: S. 295.
89 Vgl. Piontkowski: S. 202.
90 Vgl. Farhan und Wagner: S. 277.

werden, dass, wenn Schüler_innen positive Kontakteffekte gegenüber Vertreter_innen von LSBTIQ*-Initiativen zeigen, sie allen nicht-normativen Identitäten gegenüber positiver eingestellt sind? Und ändern sich die Einstellungen auch gegenüber anderen marginalisierten Personengruppen (Nicht-Staatsangehörige, andere Ethnien oder Religionen, Behinderte) die nicht in der Kontaktsituation anwesend waren?

Ehe die Diskussion dieser Fragen unternommen wird, ist ein umfassender Überblick über die verschiedenen marginalisierten geschlechtlichen Identitäten und sexuellen Orientierungen erforderlich, die sich hinter der Kategorie LSBTIQ* verbergen. Je konkreter das Wissen über deren spezifische Lebenssituationen sowie Diskriminierungs- und Gewalterfahrungen ist, umso verständlicher wird, welche Bedingungen notwendig sind, damit ein gezielter Intergruppenkontakt in der Schule ungerechtfertigten Vorbehalten und falschen Generalisierungen entgegenwirken kann. Dadurch wird ebenso deutlich, in welchen besonderen Konflikten sich Schwule, Lesben, bi- und multisexuelle, intergeschlechtliche und transidente Personen innerhalb einer geschlechterdichotomen heteronormativen Sozialisation befinden.

4 | LSBTIQ* und Gesellschaft – Stigmatisierte sexuelle Identitäten[91]

Hitzige Debatten um die eingetragene Lebenspartnerschaft und das Adoptionsrecht lesbischer und schwuler Paare lassen vermuten, dass es aufgrund vorherrschender Vorurteile um die Gleichstellung gleichgeschlechtlicher Lebensformen schlecht bestellt ist. Ebenso die Bewertung von vermeintlichen Rollenübertretungen zwischen- oder transgeschlechtlich fühlender Personen als *unnormal* oder *krank*, was mitunter gewalttätige Handlungen gegenüber diesen Personen begleitet, zeichnet ein schlechtes Bild bezüglich der Akzeptanz gegenüber nicht-normativen Geschlechtsidentitäten. Auch Kinder, die nicht einer heterosexuellen und auf gängige Geschlechterrollen basierenden Familie angehören, gelten als bedauernswert. „Ihnen fehlt etwas."[92]
Neben spezifischen Alltagserfahrungen und rechtlichen Besonderheiten von LSBTIQ*-Personen sollen in diesem Kapitel Vorurteilstendenzen und Diskriminierungstrends aufgezeigt werden, um die Lebenssituation greifbarer darstellen zu können. Eine umfassende Dokumentation der Diskriminierungs- und Gewalterfahrungen von LSBTIQ* mit Anspruch auf Vollständigkeit kann hier jedoch nicht erfolgen und ist aufgrund der Mannigfaltigkeit „von vorn herein zum Scheitern verurteilt."[93] Die Datenlage zur Lebenssituation von LSBTIQ* ist zudem nicht einheitlich, denn während sich die Wissenschaft bereits seit den 1980er Jahren mit lesbischen, schwulen, bi- und multisexuellen Belangen beschäftigt, liegen zu Alltagserfahrungen von transidenten und intergeschlechtlichen Menschen erst seit Beginn dieses Jahrtausends brauchba-

91 Das Allgemeine Gleichbehandlungsgesetz (AGG) und der Lesben- und Schwulenverband Deutschland (LSVD) erfassen im Begriff der sexuellen Identität die individuelle Geschlechtsidentität und sexuelle Orientierung des Menschen. Aufgrund der Komplexität und Vieldimensionalität der Begriffe Geschlecht, Sex und Identität wird diese Bezeichnung jedoch nicht einheitlich benutzt. Der Deutsche Ethikrat grenzt etwa die sexuelle Identität von der Geschlechtsidentität ab, indem er Ersteres als Synonym für die sexuelle Orientierung versteht. Vgl. Deutscher Ethikrat: Stellungnahme Intersexualität. 2012. S. 34. URL: www.ethikrat.org/dateien/pdf/stellungnahme-intersexualitaet.pdf. (Stand: 03.06.2012)

92 Kugler, Thomas; Nordt, Stephanie: Gefühlsverwirrung queer gelesen: Zur psychosozialen Situation von LGBT-Jugendlichen. 2010. S. 1. URL: http://www.queerformat.de/fileadmin/user_upload/news/Kindern_aus_Regenbogenfamilien_2010.pdf. (Stand: 14.07.2012)

93 Rauchfleisch (2011): S. 125.

re Daten vor.[94] Daher ist die Forschungslage zur sexuellen Orientierung umfassender und daher repräsentativer, wobei allerdings angenommen werden kann, dass LSBTIQ*-Personen in vielen Punkten vergleichbare Erfahrungen mit Diskriminierungen machen und gleichsam unter diesen leiden. So wird beispielsweise die Suizidgefahr homosexueller Jugendlicher auf vier bis sechsmal so hoch geschätzt im Vergleich zu heterosexuellen.[95] Eine vergleichbare - wenn nicht gar höhere - Rate kann auch für transidente und intergeschlechtliche Menschen aufgrund deren Tabuisierung vermutet werden.
Darüber hinaus wies eine niederländische Studie schon 1994 nach, dass homo- und bisexuelle Jugendliche stärker als ihre heterosexuellen Mitschüler_innen von Problemen betroffen sind, die als direkte und indirekte Folgen von negativen Einstellungen gegenüber Homo- und Bisexualität gelten. Diese können - ohne pauschalisieren zu wollen - auch für Jugendliche mit einer Geschlechtsidentität jenseits der hegemonialen Binarität vermutet werden. Demnach leiden LSBTIQ*-Jugendliche neben Isolation und mangelnder Selbstsicherheit häufiger an Lern- und Konzentrationsproblemen, Verhaltensauffälligkeiten und Substanzmissbrauch (Alkohol und andere Drogen).[96] Auch weisen sie eher „psychosomatische Probleme wie Ess- und Schlafstörungen, Angst und Schuldgefühle, mangelnde Selbstakzeptanz, Vermeiden sozialer Situationen, Depressionen“[97] auf.[98]

94 Vgl. Kugler und Nordt: S. 1.

95 Dies ergab eine US-amerikanische Studie unter 32.000 Elftklässlern im US-Bundesstaat Oregon. Demnach sollen „beinahe 20 % der befragten homosexuellen Jugendlichen bereits einen Selbstmordversuch durchgeführt“ haben, im Vergleich zu „nur 4 % unter heterosexuellen“. Weiter heißt es: „In den am wenigsten liberalen Bezirken gaben sogar 25 % der homosexuellen Jugendlichen an, einen Selbstmordversuch bereits hinter sich zu haben.“ Weitere Studien bestätigen die Rate. URL: http://www.thinkoutsideyourbox.net/?p=16307&sms_ss=scoopat&at_xt=4dada3a88f4f9f13,0. (Stand: 02.08.2012)

96 Vgl. Kersten, A.; Sandfort, T.: Lesbische en homoseksuele adolescenten in de schoolsituatie. Utrecht 1994. Zitiert nach: Kugler und Nordt: S. 3.

97 Ebd.

98 Bestätigt wurden die Ergebnisse von diversen neueren Untersuchungen, etwa der Studie der Sozialwissenschaftlichen Forschungsstelle der Otto-Friedrich-Universität Bamberg (SOFOS) von 2002 zur Einsamkeit und sozialen Isolation schwuler Männer. Vgl. Kurzfassung der Studie. URL: http://www.gleichgeschlechtliche-lebensweisen.hessen.de/global/show_document.asp?id=aaaaaaaaaaajcb. (Stand: 01.08.2012)

4.1 „Herzlichen Glückwunsch, es ist ein Zwitter!"[99] - Die Lebenssituation intergeschlechtlicher Menschen

Menschen bekommen bei ihrer Geburt ein Geschlecht zugewiesen, das sich an einem Zwei-Geschlechter-Modell orientiert. Die einmalige Zuweisung - männlich oder weiblich - erfolgt „aufgrund des Erscheinungsbildes der äußeren Genitalien"[100], also durch Deutung anatomischer Merkmale. Das zugewiesene Geschlecht wird daraufhin in Geburtsregister, Geburtsurkunde und Pass vermerkt. Mitunter kommt es vor, dass bei Neugeborenen die Genitalien anders ausgeprägt oder geformt sind, als dass eine eindeutige Geschlechtszuweisung erfolgen kann. Ebenso kann sich die Bestimmung des Geschlechts später als falsch herausstellen, wenn etwa die anatomische Zuschreibung nicht der üblichen genetischen und/oder hormonellen entspricht.[101] Aufgrund der Angst vor Stigmatisierungen und weil bis Oktober 2013 trotz der Schwierigkeit oder gar Unmöglichkeit einer Geschlechtszuweisung „ein binär codiertes Geschlecht"[102] eingetragen werden musste, wurden und werden „teilweise medizinische Maßnahmen wie Hormongaben oder Operationen eingesetzt, um das Geschlecht zu vereindeutigen oder die Zuordnung der Person zu einem Geschlecht zu ermöglichen."[103]
Am 1.11.2013 trat die Änderung von §22 Absatz 3 des Personenstandsgesetzes (PSTG) in Kraft, wonach bei Neugeborenen, die aufgrund auffälliger anatomischer Merkmale nicht dem männlichen oder weiblichen Geschlecht zugeordnet werden können, der Personenstand offen bleibt.[104] Der spätere Eintrag eines Geschlechtes ist nicht erforderlich, kann durch die betreffende Person

99 K., Ani: Es gibt mehr als zwei Geschlechter. In: Utopia vom 06.08.2009. URL: http://www.linksnet.de/de/artikel/24707. (Stand: 06.08.2012)

100 Deutscher Ethikrat: S. 27.

101 Das morphologische Geschlecht (SEX) tritt auf der Ebene der Hormone, der Genetik und der Anatomie in Erscheinung. Ein als „typisch männlich" charakterisierter Mensch weist demnach dem männlichen Geschlecht zugeschriebene Genitalien, eine charakteristisch männliche Morphologie und einen als männlich normierten endokrinen Haushalt auf. Zeigt sich etwa bei einem Neugeborenen, dass es über einen Penis verfügt, aber die Gonosomenkonstellation XX statt dem typischen XY-Code aufweist, kann keine eindeutige Geschlechtszuweisung innerhalb des Zweigeschlechtersystems erfolgen.

102 Adamietz, Laura: Geschlechtsidentität im deutschen Recht. In: APuZ 20-21/2012. S. 20.

103 Deutscher Ethikrat: S. 27.

104 Vor dem 1.11.2013 gab es – bis auf wenige Ausnahmen – bei offenem Geschlechtseintrag keine Geburtsurkunde und daraufhin auch kein Eltern- und Kindergeld. Ein Geburtenregistereintrag ohne Geschlecht war nicht möglich.

aber beantragt werden. Trotz dass die neue Rechtsvorschrift de jure geschlechtszuweisende oder vereindeutigende Genitaloperationen obsolet erscheinen lässt, wird sie von Inter*-Verbänden kritisiert: So stellt Intergeschlechtlichkeit noch immer keinen eigenen Personenstand dar und die obligatorische Nicht-Eintragung des Geschlechtes bei geschlechtsbezogener Uneindeutigkeit erhöht den Druck zur medizinischen Vereindeutigung, denn Betroffene werden bei Vorlage des Geburtsausweises oder des Reisepasses aufgrund des nicht eigetragenen Personenstandes zwangsgeoutet.[105]
Die folgenden Ausführungen zur Lebenssituation intergeschlechtlichen Menschen sollen zum einen dem gängigen Stereotyp vom „psychosozialen Notfall“[106] oder der defizitären Geschlechtsentwicklung entgegenwirken und zum anderen auf die oftmals außer Acht gelassene Existenz zwischengeschlechtlicher Menschen aufmerksam machen. Denn sogar Bürgerrechtler_innen, die sich für die Interessen von LSBTIQ* einsetzen, benennen zwar das „I“ mit, ignorieren es allerdings oftmals in ihren politischen Forderungen.

4.1.1 Die gesellschaftliche Nicht-Existenz

Die Düsseldorferin Christiane Völling ist Mitte 50 und fühlt sich als Frau, die in einem „vermännlichten Körper“[107] eingesperrt ist. Bis 2008 hieß sie in ihrem Pass noch Thomas[108], da bei der Geburt ihre vergrößerte Klitoris als Mikropenis fehlinterpretiert wurde. Seitdem ordnete man sie dem männlichen Geschlecht zu. Im Alter von 18 Jahren entnahmen ihr Ärzte Uterus und Eierstöcke, obwohl man bei ihr ein Jahr zuvor einen weiblichen Chromosomensatz

105 Die Anpassung der neuen Rechtsvorschrift an Verwaltungsorgane, das Grundgesetz, das Bürgerliche Recht (bspw. das Familienrecht) oder das formale Ordnungsrecht stehen noch aus. Auch gibt es noch immer rechtliche Fragen: u.a. ob das Gesetz auch rückwirkend für Menschen gilt, die vor dem 1.11.2013 geboren wurden, oder ob Inter* eine Heiratserlaubnis haben – schließlich bleibt gleichgeschlechtlichen Partnerschaften die bürgerliche Ehe bis heute verwehrt.

106 So etwa in der Leitlinie „Störungen der Geschlechtsentwicklung“ der Arbeitsgemeinschaft der Wissenschaftlichen Medizinischen Fachgesellschaften (AWMF). 2010. S. 5. URL: http://www.awmf.org/uploads/tx_szleitlinien/027-022l_S1_Stoerungen_der_Geschlechtsentwicklung_2010-10.pdf. (Stand: 15.07.2012)

107 Brandt, Andrea; Supp, Barbara: Und Gott schuf das dritte Geschlecht. Spiegel Nr. 47/2007. URL: http://www.spiegel.de/spiegel/0,1518,517983,00.html. (Stand: 08.06.2012)

108 Inzwischen heißt sie gerichtlich Christiane und ist als weiblich eingetragen. Siehe: URL: http://blog.zwischengeschlecht.info/post/2008/04/30/Christiane-Volling-ist-nicht-mehr-Thomas. (Stand: 07.08.2012)

(XX) nachgewiesen hatte. Zur Substitution der fehlenden Hormone wurde eine so genannte Hormonsubstitutionsbehandlung mit männlichen Sexualhormonen angesetzt, die ihr die Stimme tiefer werden und die Haare ausfallen ließen.[109] Erst vor sechs Jahren wurde sie aufgeklärt, dass sie ein *Zwitter* sei, ein Mensch, der nicht eindeutig dem männlichen oder weiblichen Geschlecht zugeordnet werden könne. Daraufhin verklagte sie den Arzt, der ihr die Gebährfähigkeit nahm - und gewann. Damit wurden erstmals breite Massen auf die Lebenssituation intergeschlechtlicher[110] Menschen aufmerksam. Auf internationaler Ebene geschah dies im Sommer 2009, als die damals achtzehnjährige südafrikanische Mittelstreckenläuferin Caster Semenya bei den Leichtathletik-Weltmeisterschaften in Berlin Gold gewann. Nach ihrem Sieg wurde ihr Geschlecht in der Weltöffentlichkeit diskutiert, denn es gab Gerüchte, Semenya sei gar keine *richtige* Frau. Indizien seien „ihre tiefe Stimme, ihr muskulöser Körperbau und die schnelle Leistungssteigerung“[111]. Bereits ihre Trainer_innen zweifelten an ihrem Geschlecht. Daraufhin forderte der Leichtathletikverband IAAF einen Geschlechtstest an, gegen den Südafrika bei der Menschenrechtskommission der Vereinten Nationen eine Beschwerde einlegte.[112] Damit wurde Semenyas Fall zu einem Politikum. Bis heute ist nicht sicher, ob es sich bei Semenya um eine XY-Frau handelt, ihre Reaktion auf den öffentlichen Tumult um ihr Geschlecht zeigt aber offensichtliche Verunsicherung: „Niemand hat mir je erklärt, dass ich keine Frau sei. Ich bin kein Junge!“[113]

Die Lebensgeschichten Völlings und Semenyas sind Beispiele für fehlende Aufklärung und mangelnde Kompetenz im Umgang mit intergeschlechtlichen

109 Durch Verabreichung „männlicher“ Sexualhormone wurden im männlichen Hormonhaushalt vorkommende bei Christiane aber fehlende Substanzen ergänzt. Vgl. Deutscher Ethikrat: S. 196.

110 Das Präfix *inter* ist Latein und bedeutet *zwischen*. Intersexuelle Menschen oder Inter* befinden oder begreifen sich zwischen den Geschlechtern. Sie sind unserem soziokulturell konstruierten binären Geschlechtersystem nicht zuzuordnen. Der Begriff INTERSEXUALITÄT steht, obwohl dem medizinischen Diskurs in gewisser Weise entzogen, mit einer Pathologisierung in Verbindung. Im Sinne einer Abgrenzung vom medizinischen Diskurs wird hier von „Intergeschlechtlichkeit“ (oder „undervirilized males“ bzw. „virilized females“) gesprochen. Vgl. Lang, Claudia: Intersexualität. Menschen zwischen den Geschlechtern. Frankfurt a. M. 2006. S. 332.

111 Unbekannt: Geschlechtstest bei Semenya. Spiegel Online vom 21.08.2009. URL: http://www.spiegel.de/sport/sonst/0,1518,644345,00.html. (Stand: 19.05.2012)

112 Laut Deutschem Ethikrat gebe es seit 1996 „eine vom Internationalen Olympischen Komitee ausgehende, zunehmend kritische Diskussion über die Praxis der Geschlechtsüberprüfung.“ (Deutscher Ethikrat: S. 54.) Außerdem wurde Semenyas Privatsphäre durch die öffentliche Diskussion ihres biologischen Geschlechtes verletzt.

113 Ebd.

Menschen. Personen, die nicht eindeutig dem weiblichen oder männlichen Geschlecht zugeordnet werden können, kommen in unserer Alltagswahrnehmung nicht vor. Sie passen nicht in unsere Vorstellung von einer Geschlechterbinarität, da sie Verunsicherung und Zweifel wecken und damit die gesellschaftliche Ordnung in Frage stellen. Einige Menschen wissen nicht einmal von der Existenz intergeschlechtlicher Menschen. Dabei wird ihr Anteil an der Gesamtbevölkerung zwischen 0,02 und 4 Prozent geschätzt. Die ermittelten Werte variieren je nachdem, „welche Formen dazugerechnet werden und je nach Interesse"[114]. So geben Kuhnle und Kraal (2002) an, eines von 6.900 Neugeborenen sei intergeschlechtlich. Blackless et. al (2000) gehen dagegen von einem Geburtenverhältnis von 1:50 aus.[115] Der *Spiegel* schätzt die Zahl der in Deutschland lebenden Intergeschlechtlichen auf 80.000 bis 100.000 - „so viele, dass vermutlich jeder, ohne es zu wissen, schon einmal einem begegnet ist."[116] Die Polit-Sendung *Polylux* berichtet ferner, in Deutschland werde pro Tag mindestens ein intergeschlechtlicher Mensch geboren.[117]

Die medizinische Definition von Intergeschlechtlichkeit und die damit verbundene Abgrenzung zu anderen Geschlechtern ist kein leichtes Unterfangen und bleibt auch nicht ohne politische Folgediskurse. Wann ist ein Mann ein Mann, eine Frau eine Frau und wer bestimmt das? Blackless bezeichnet beispielsweise alle Menschen als intersexuell, die anatomisch von einem typisch männlichen oder weiblichen Körper abweichen[118]: Etwa Menschen, die entgegen ihrem Chromosomensatz einen Körperbau aufweisen, der dem gegensätzlichen Geschlecht zugeschrieben wird oder Menschen, deren Geschlechtsorgane anders als üblich geformt oder ausgebildet sind (Mikropenis, übermäßig

114 Lang: S. 11.

115 Vgl. Ebd.

116 Brandt, Andrea; Supp, Barbara: Und Gott schuf das dritte Geschlecht. Spiegel Nr. 47/2007.

117 Sendung „Polylux" vom 13.03.2008.Thema: Intersexuelle – das dritte Geschlecht. URL: http://www.youtube.com/watch?v=zRpoMnEEtLg. (Stand: 18.05.2012)

118 Lang führt Blackless' Definition für typisch männliche und weibliche Körper an: „Ein typisch männlicher Körper besitzt XY-Chromosomen und im Skrotum befindliche Hoden, welche Sperma produzieren, das über das *vas deferens* zur Harnröhre transportiert und außerhalb des Körpers ejakuliert werden kann. Die Penislänge bei der Geburt beträgt zwischen 2,5 und 4,5 cm, an der Spitze des Penis endet die Harnröhe. Die Hoden produzieren während der fetalen Entwicklung Testosteron und Dihydrotestosteron sowie ein Hormon, das die Ausbildung der Müllerschen Gänge unterdrückt, und führen zu einer männlichen Pubertät. Ein typisch weiblicher Körper dagegen hat XX-Chromosomen, funktionale Eierstöcke, die eine weibliche Pubertät bewirken, Eileiter, die zum Uterus, Gebärmutterhals und der Vagina führen, innere und äußere Schamlippen und eine Klitoris, die bei der Geburt zwischen 0,20 und 0,85 cm groß ist." (Lang: S. 11.)

ausgeprägte Schamlippen, nicht funktionstüchtige Hoden, verkümmerte Eierstöcke). Diese Klassifikation ist zu kritisieren, da „die Art und Weise, wie bestimmte (körperliche) Merkmale interpretiert [...] werden [...] soziale Realität [ist (Anm. M. F.)], die so geworden ist, aber nicht zwangsläufig genau so sein müsste."[119] Demgemäß legt Blackless eine strenge Normierung zugrunde und stuft jedwede Abweichung als defizitär ein. Gleichzeitig lässt sich durch die Einteilung aber auch vermuten, dass die Diskurse über Intergeschlechtlichkeit von verschiedenen Positionen geprägt sind, die widersprüchlich bis unvereinbar zueinander stehen. Während die Medizin also jeden Menschen, der sich nicht genau ins männliche oder weibliche Geschlecht einordnen lässt, zum Patienten macht, kämpfen viele intergeschlechtliche Menschen für ihre Wahrnehmung als weitere Geschlechtsidentität - neben der männlichen und weiblichen. Anja Kumst vom Verein *Intersexuelle Menschen e.V.* etwa hofft durch die Anerkennung eines „drittes Geschlechtes", dass Ärzte nicht mehr den Druck haben, „ein Kind so hin zu operieren, dass es endlich richtig ist, denn es ist ja schon richtig!"[120] Andere möchten sich wiederum in keine Schublade stecken lassen und fühlen sich „wohl in dem Freiraum, der nicht definiert ist"[121] - so etwa Ins A Kromminga, Künstler_in aus Berlin.[122]

Allerdings bekommen Kromminga und andere Menschen, die sich nicht dem männlichen oder weiblichen Geschlecht zuordnen wollen oder können, schon bei banalen Dingen im alltäglichen Leben zu spüren, „dass intersexuelle oder andersgeschlechtliche in der Gesellschaft nicht vorkommen"[123] - etwa beim Gang auf die öffentliche Toilette, in der Sportumkleide, beim Erstellen eines Facebook-Kontos oder beim Online-Kauf einer Zug-Fahrkarte.

---

119 Küppers: S. 5.

120 Kumst, Anja. In: Polylux.

121 Kromminga, Ins A. In: Ebd.

122 Der Deutsche Ethikrat rät unter Berufung auf das allgemeine Persönlichkeitsrecht, dass die Zulassung eines dritten Geschlechts eine „stabile Gesellschaft und deren Rechtsordnung [...] nicht [...] irritieren" würde und die freiwillige Eintragung des Geschlechts „freiheitsbeschränkende Zwänge für Intersexuelle" vermeide. Siehe: Deutscher Ethikrat: S. 144.

123 Kromminga, Ins A. In: Ebd.

4.1.2 Die Pathologisierung von Intergeschlechtlichkeit

Der Zwang ins binäre Geschlechtersystem geht soweit, dass Mediziner_innen oftmals zu einer „geschlechtsangleichenden" Operation raten.[124] Die Herstellung einer optischen Eindeutigkeit erfolgt auch heute noch häufig im Säuglingsalter ohne Einwilligung der Betroffenen mit der Begründung, da sonst das soziale Umfeld einen Druck auf die Eltern und das Kind ausüben würde. Gesellschaftliche Erwartungen werden demnach als Begründung für Zwangskastrationen herangezogen. Dafür wird in Kauf genommen, dass die Sensibilität der Region, die von der *Normalisierung* des Geschlechts betroffen ist, beeinträchtigt werden kann und/oder dass medizinische Eingriffe Traumatisierungen, chronische Schmerzen und psychische Schäden hervorrufen können. Die sexuelle Eindeutigkeit scheint oberste Priorität.

Dabei ist eine Geschlechtszuweisung unmöglich bei einem Menschen, der bspw. einen männlichen Chromosomensatz hat, aber dessen Körpermerkmale auf ein weibliches Geschlecht deutet. Ebenso kommt es vor, dass ein Mensch einen doppelten Genomsatz aufweist - einen männlich und einen weiblichen. Die Medizin spricht hier von DSD (*Disorder of Sexual Development*). Die Endokrinologie bezeichnet sie als schwerwiegende genitale Fehlbildungen, wobei man bei 40% der DSD-Patient_innen bis heute nicht weiß, was genau dies verursacht. Kromminga kam z.B. ursprünglich mit beiden Geschlechtsteilen auf die Welt, wurde aber gegen seine_ihre Zustimmung kastriert. Der behandelnde Arzt gab vor, die innenliegenden Hoden seien gefährliche Zysten, die entnommen werden müssten. Derartige Zurichtungen sind bis heute gang und gäbe, ihre Häufigkeit geht jedoch zurück. Lang konstatiert mit Blackless, dass „korrigierende" Genitaloperationen derzeit an einem bis zwei von 1000 Menschen durchgeführt werden.[125] Laut *Die Zeit* hatten 81 Prozent der betroffenen Erwachsenen mindestens eine Operation hinter sich, bei 68 Prozent geschah

---

124 Der Deutsche Ethikrat unterscheidet die medizinischen Interventionen in *geschlechtsvereindeutigend* und *geschlechtszuordnend* ein. Bei ersteren Eingriffen, zielt man darauf ab, „anatomische Besonderheiten der äußeren Geschlechtsorgane, die bei ansonsten eindeutiger geschlechtlicher Zuordnung bestehen, an das existierende Geschlecht anzugleichen." Bei Letzteren handelt es sich um „Interventionen [...], die bei tatsächlich nicht möglicher Zuordnung den Zustand der Uneindeutigkeit beenden und den Körper einer Person – und hier besonders die inneren Geschlechtsorgane – in Richtung eines Geschlechts formen, ihr also ein bestimmtes Geschlecht zuordnen. " Siehe: Deutscher Ethikrat: S. 27f.

125 Vgl. Lang: S. 11.

der Eingriff in einem Alter unter drei Jahren.[126] Gegner dieser „Geschlechtsangleichungen" sind Hirnforscher wie Dick Swaab, mit der Begründung, dass:

> *»[…] die Ausformung der äußeren Genitalien […] nichts darüber [sagt (Anm. M.F.)], wie es in diesen Hirnregionen aussieht. Die Entwicklung der äußeren Genitalien findet in den ersten Wochen der Schwangerschaft statt. Die geschlechtliche Differenzierung des Gehirns hingegen setzt erst in der zweiten Hälfte der Schwangerschaft ein und kann innerhalb dieser Zeit von anderen Faktoren beeinflusst werden.«* [127]

Welche geschlechtliche Identität Menschen mit einem intergeschlechtlichen Genital folglich einmal bevorzugen bzw. ob sie überhaupt eines bevorzugen, ist im Säuglingsalter noch nicht festzumachen. Endokrinolog_innen machen diesbezüglich deutlich, dass Medizin und Forschung „noch nicht verstanden haben, wie Geschlecht eigentlich entsteht."[128]

Diese Wissenslücke ruft die *Queer* und *Gender Studies* auf den Plan, die von der soziokulturellen Konstruktion der Geschlechter ausgehen. Körper- und Geschlechtsvorstellungen unterliegen demnach einem ständigen Wandel. In westlichen Gesellschaften existiert eine binäre Geschlechtervorstellung und die christliche Mythologie kennt keine zwischengeschlechtlichen Wesen. In anderen oder früheren Kulturen sind dagegen Schöpfungsmythen bekannt, in denen Wesen das weibliche und männliche Geschlecht in sich vereinen. Ebenso glauben einige Kulturen an zweigeschlechtliche Götter, die oftmals als Ikone der Perfektion angesehen werden.[129] Es ist daher zu überlegen, ob es diesen Gesellschaften leichter fällt, mit Intergeschlechtlichkeit umzugehen, als

---

126 Vgl. Müller-Lissner, Adelheid: Zwischen den Geschlechtern. 06.02.2009. URL: http://www.zeit.de/online/2009/07/tsp-intersexualitaet/seite-2. (Stand: 23.06.2012) Die Angaben sind Ergebnisse einer Studie des Netzwerks DSD/Intersexualität.

127 Swaab, Dick (Endokrinologe). In: X:enius: Thema Intersexualität. Sendung vom 05.01.2012. URL: http://www.youtube.com/watch?v=rNg8NhVwb5s. (Stand: 05.07.2012) Swaab gilt als einer der weltweit führenden Hirnforscher, war Professor für Neurobiologie an der Universität Amsterdam und Direktor des Niederländischen Instituts für Hirnforschung.

128 Olaf Hiort (Kinderarzt und Endokrinologe). In: X:enius. Hiort ist Professor für Kinderheilkunde und Endokrinologie an der Universität Lübeck und wird aufgrund seiner Befürwortung von „Geschlechtsangleichungen" kritisiert. Vgl. http://www.zeit.de/2012/03/M-Intersex-Streitgespraech.

129 Der *Zwitter* ist seit der Antike ein Motiv der bildenden Kunst. In seinem „Gastmahl" erzählt der griechische Philosoph Platon davon, dass es einst drei Geschlechter gegeben habe, bis das Wesen, dass er *Mannfrau* oder *Hermaphrodit* (nach dem Sohn des Hermes und der Aphrodite) nennt, von den Göttern geteilt worden ist.

etwa unsere christlich geprägte Kultur. Die (Selbst-)Wahrnehmung Intergeschlechtlicher ist schließlich „eng verwoben [...] mit einer spezifischen historisch-gesellschaftlichen Situation und mit bestimmten Vorstellungen von Geschlecht und Geschlechtskörper."[130] Angesichts der Seltenheit von Intergeschlechtlichkeit „und demzufolge auch der allgemeinen Unkenntnis hat Aufklärung größte Bedeutung, z. B in Schulen."[131]

4.2 „Männliche Mutter bringt Baby zur Welt"[132] - Die Lebenssituation von transidenten Menschen

Die Frage, welchem Geschlecht sich ein Mensch zugehörig empfindet, kann von dem bei der Geburt zugewiesenen Geschlecht abweichen. Das psychische Geschlecht kann sich somit gegengeschlechtlich oder zwischengeschlechtlich befinden und hängt davon ab, „wie ein Mensch sich vor dem Hintergrund seines Körpers, seiner hormonellen Ausstattung, seines Empfindens und seiner Biografie (einschließlich der kindlichen Erziehungsphase) geschlechtlich einordnet"[133]. Kapitel 2.2 soll einen Einblick in das Leben von transidenten Menschen geben, die tagtäglich darum kämpfen, in dem Geschlecht wahrgenommen zu werden, in dem sie sich verorten. Schließlich ist die Geschlechtszuschreibung oder Geschlechtsattribution davon abhängig, wie die Umwelt einen Menschen wahrnimmt und wie sich dieser innerhalb soziokulturell geprägter Normen verhält.[134] Welches Geschlecht einer Person zugeschrieben wird, hängt also damit zusammen, „was es vor dem jeweiligen gesellschaftlichen Hintergrund bedeutet, eine Frau oder ein Mann zu sein."[135]

---

130 Lang: S. 13.

131 Streuli, Jürg C; Werner-Rosen, Knut: Zur Situation von Menschen mit Intersexualität in Deutschland. URL: http://www.ethikrat.org/dateien/pdf/streuli-werner-rosen-stellungnahme-intersexualitaet.pdf. (Stand: 20.05. 2012)

132 Unbekannt: Premiere in England. Männliche Mutter bringt Baby zur Welt. In Heute.at vom 12.02.2012. URL: http://www.heute.at/kurioses/art23706,659358. (Stand: 18.06.2014)

133 Deutscher Ethikrat. Stellungnahme Intersexualität. 2012. S. 33f.

134 Geschlecht konstituierende Faktoren können das Tragen von Kleidung oder eines Schuhwerkes sein, die Benutzung von Räumen (Toilette), Gestik, Stimme etc. Vgl. Küppers: S. 6.

135 Ebd.

4.2.1 Die Vielfalt von Trans*-Konzepten

Thomas Beatie wurde 2008 von der Presse als „erster schwangerer Mann der Welt"[136] bezeichnet. Heftige Debatten bezüglich der moralischen Vertretbarkeit seiner Schwangerschaft und die Frage, ob er nun Mutter oder Vater sei, lösten die Medien aus.[137] Die Unmöglichkeit, dass Männer Kinder gebären können, wurde von Beatie vermeintlich auf den Kopf gestellt. Tatsächlich wurde Beatie anatomisch als Frau geboren, identifiziert sich aber als Mann, weshalb er sich für eine optische Angleichung an sein psychisches Geschlecht entschied. Ihm wurden die Brüste entfernt und er bekam eine Hormonsubstitution. Eierstöcke und Gebärmutter blieben allerdings intakt, was ihm ermöglicht, als Mann zu leben, aber Kinder (inzwischen drei) zu gebären.[138] Damit ist Beatie nicht nur der vermeintlich erste schwangere, sondern auch ein Trans*mann.

Um der Vielfalt der geschlechtlichen Identitäten gerecht zu werden, wird weitläufig die Bezeichnung Trans* benutzt. Das Sternchen (Asterisk) markiert dabei den Sammelbegriff für die Vielzahl von Selbstbezeichnungen und Definitionen.[139] Darunter zählen unterschiedliche Trans-Konzepte wie Transsexualität, Transgeschlechtlichkeit, Transidentität oder Transgender usw. Transgeschlechtliche, -idente oder -sexuelle Menschen[140] wie Beatie fühlen sich einem anderen Geschlecht zugehörig als dem bei der Geburt zugewiesenen. Das Ziel ist aber nicht immer eine geschlechtsangleichende Operation. Etwa 43 bis 50 Prozent aller erfassten trans* Menschen streben keine hormonellen oder chi-

---

136 So z.B. von der BILD. Vgl. Unbekannt: Erster schwangerer Mann der Welt. Es wird ein Mädchen. In: BILD vom 10.06.2008. URL: http://www.bild.de/news/vermischtes/schwanger/will-noch-mehr-kinder-4782134.bild.html. (Stand: 07.06.2012)

137 Vgl. Frank, Arno: Mutter oder Vater? In: TAZ vom 02.07.2008. URL: http://www.taz.de/!19565/. (Stand: 13.05.2012)

138 Vgl. Unbekannt: „Schwangerer Mann" trennt sich von seiner Frau. In: Welt Online vom 20.04.2012. URL: http://www.welt.de/vermischtes/prominente/article106207051/Schwangerer-Mann-trennt-sich-von-seiner-Frau.html. (Stand: 02.08.2012) Beatie entschloss sich zum Austragen der Kinder, da seine nunmehr Ex-Frau keine Kinder bekommen kann.

139 Ein einheitlicher Oberbegriff scheitert aber bisher an der Schwierigkeit, die Mannigfaltigkeit der Trans*-Identitäten und -Lebensweisen zusammenzufassen. Vgl. Franzen und Sauer: S. 7.

140 Menschen, die sich gegengeschlechtlich fühlen, bevorzugen die Begriffe transgeschlechtlich oder -ident, um dem medizinischen Begriff der Transsexualität auszuweichen. Der Begriff Transgeschlechtlichkeit wendet sich gegen die Geschlechterbinarität (*trans* bedeutet *jenseits*), Transidentität betont den Identitätsaspekt (Jemand *ist* nicht nur trans, sondern lebt und fühlt auch so). Vgl. Ebd. S. 9.

rurgischen Maßnahmen an.[141] Diese bezeichnen sich oft als Transgender, um deutlich zu machen, dass Trans* „uneindeutige, auch zwischengeschlechtliche Verortungen einschließen“[142] kann. Transgender können sich nicht innerhalb der gängigen Geschlechterrollenerwartungen und der Zwei-Geschlechter-Ordnung verorten. Allerdings lassen die üblichen Vorstellungen von der Zweigeschlechtlichkeit in unserer Gesellschaft „wenig Raum für geschlechtliche Existenzweisen jenseits der binären Kategorien.“[143]
Transvestiten (medizinisch) oder Cross-Dresser verkleiden sich - egal ob beruflich oder privat - gegengeschlechtlich, wechseln also durch Kleidung die Geschlechterrolle, um sie dann künstlerisch oder humoristisch darzustellen. (Trans*-) Menschen, die sich gar keiner Gruppe zuordnen oder in keine Schublade gesteckt wissen wollen, bezeichnen sich als queer oder genderqueer.[144]

4.2.2 Die Pathologisierung und rechtliche Situation von Trans*

Ein bekannter Trans*-Fall erregte 2012 in Deutschland die Presse. Die damals elf-jährige Alex - morphologisch dem männlichen Geschlecht zugeordnet - aus Berlin fühlte und kleidete sich seit dem Kindergarten wie ein Mädchen und bat nun um eine Hormonbehandlung, damit sie sich in der bevorstehenden Pubertät eben nicht männlich, sondern weiblich entwickelt.[145] Das Jugendamt, das die Fürsorge für Alex übernahm, wollte das Kind stattdessen in eine geschlossene psychiatrische Klinik einweisen. Die Charité weigerte sich jedoch, Alex gegen ihren Willen einzuliefern.[146] Ein Bündnis aus engagierten Menschenrechtler_innen demonstrierte daraufhin gegen die Pathologisierung von Trans*-Menschen.

---

141 Rauchfleisch, Udo: Transsexualität. Transidentität. Begutachtung, Begleitung, Therapie. 2., erweiterte Auflage. Göttingen 2009. S. 20.

142 Adamietz: S. 17.

143 Küppers: S. 8. Angesprochen wurde die Diskrepanz bereits in Kapitel 4.1 bei intergeschlechtlichen Menschen, die sich entscheiden, als Zwitter leben zu wollen. Abzugrenzen sind die Trans*-Konzepte jedoch von Intergeschlechtlichkeit, da bei trans* Personen das bei der Geburt zugewiesene Geschlecht als eindeutig männlich oder weiblich gelesen wird.

144 Vgl. Franzen und Sauer: S. 11.

145 Vgl. Oestreich, Heide: Wer wollte das rosa Einhorn? In: TAZ vom 23.03.2012. URL: http://www. taz.de/!85899. (Stand: 21.06.2012)

146 Vgl. Oestreich, Heide: Alex soll in die Psychiatrie. In: TAZ vom 19.01.2012. URL: http://www.taz.de/Streit-um-elfjaehrige-Transsexuelle/!90229. (Stand: 21.06.2012)

Gegenüber der TAZ empfahl Udo Rauchfleisch, Professor an der Universität Basel und Experte für Trans*-Menschen, eine intensive Beobachtung des Kindes, um festzustellen, ob Alex sicher transident sei. Bestätige sich dies, so stehe einer Hormonbehandlung nichts im Wege. Alex würde dann „keinen Stimmbruch bekommen und keine breiten Schultern, stattdessen einen Busen."[147]

Wie man im Falle von Alex erfährt, können sich Trans*-Menschen ihrer Geschlechtsidentität schon sehr früh gewahr werden - auch schon im Kindergartenalter. Ebenso ist es möglich, dass sich Menschen erst spät ihrer Transidentität bewusst werden.[148] Bezüglich ihrer Häufigkeit gibt es allerdings nur vage Vermutungen. Sigusch (1995) schätzt die Zahl von Trans* in Deutschland auf 3000 bis 6000, Hirschauer (1999) äußert ähnliche Zahlen.[149] Die *Deutsche Gesellschaft Transidenter und Intersexueller* (DGTI) gibt einen Anteil von 1:1000 Menschen an, „welche vollständig die Geschlechtsrolle wechseln, und über die Hormone hinaus medizinische Maßnahmen benötigen."[150] Die ADS konstatiert, dass Schätzungen zwischen 2000 und 100000 Menschen liegen.[151]

Voraussetzungen für den rechtlichen Geschlechtswechsel benennt seit 1981 das Transsexuellengesetz (TSG). Dabei werden zwei Verfahrensarten unterschieden - eine „kleine" und eine „große Lösung"[152]. Letztere sichert die rechtliche Zugehörigkeit zum psychischen Geschlecht, das heißt „Geburtseintrag und -urkunde sowie alle anderen Dokumente werden hinsichtlich des Geschlechtseintrags geändert"[153]. Die „kleine Lösung"[154] wird hierbei mitgedacht. Diese regelt die Vornamensänderung. Entscheidet man sich ausschließlich für die „kleine Lösung", so wird zwar der geänderte Vorname in genannte Dokumente eingetragen, doch erfolgt dies ohne zusätzliche Geschlechtsänderung. Bis heute erfolgten insgesamt acht Änderungen des TSG,

147 Ebd. Allerdings zog sich der Fall weiter hin, da Alex' Vater der leiblichen Mutter unterstellte, sie rede ihrem Kind die Transsexualität ein. Der Ausgang des Falles ist unklar.

148 Vgl. Rauchfleisch: S. 18.

149 Vgl. Ebd. S. 14. Die Dunkelziffer wird allerdings höher geschätzt, da Rauchfleisch zufolge „nicht alle Menschen mit der Überzeugung, dem Gegengeschlecht anzugehören, fachlichen Rat oder gar eine hormonelle und chirurgische Behandlung suchen". Es werden also nur trans* Personen in ärztlicher Behandlung gezählt.

150 Regh, Alexander: Zahlenspiele oder: Wo sind sie denn hin? URL: http://www.dgti.org/index.php?option=com_content&view=article&id=166:zahlenspiele&catid=4:leitartikel. (Stand: 01.08.2012)

151 Vgl. Franzen und Sauer: S. 64.

152 § 8 TSG.

153 Adamietz: S. 17.

154 § 1 TSG.

die eine Beseitigung diskriminierender Verfahren zur Folge hatten - dabei war das Bundesverfassungsgericht stets der Reformmotor. So besteht seit 2008 kein Scheidungszwang mehr für verheiratete trans* Menschen, die den Geschlechtseintrag ändern lassen wollen.[155] Seit 2011 ist es zudem nicht mehr notwendig, dauerhaft fortpflanzungsunfähig und operativ an das Zielgeschlecht angeglichen zu sein, um die „große Lösung" durchzusetzen.[156] Damit wurde nicht nur der Zwang zu einer geschlechtsangleichenden Operation unterbunden, sondern auch rechtlich festgeschrieben, dass das psychische Geschlecht unabhängig von körperlichen Konstitutionen betrachtet wird. Allerdings sind nach wie vor Gutachten vonnöten, die bestätigen, dass tatsächlich eine Transsexualität vorliegt.[157] Das TSG schreibt hierdurch der Medizin de jure die Definitionsmacht zu. Gleichzeitig wird verlangt, dass die Transsexualität irreversibel, d.h. lebenslang besteht. Kann man dies einem Menschen zumuten? Weshalb sind temporäre Geschlechtswechsel nicht ebenso möglich? Für diesen Fall „bietet das TSG mit seiner jetzigen Voraussetzung der Dauerhaftigkeit keinen Raum."[158] Trans* werden so nach wie vor strukturell diskriminiert.[159] Auch leiden trans* Menschen noch immer darunter, dass die Gesellschaft ihre geschlechtliche Identität als Störung oder Anomalie auffasst. In Medizin und Medien wird noch immer unterstrichen, dass es unnormal sei, wenn sich ein biologischer Mann als Frau fühlt oder umgekehrt.[160] Die Soziologie sieht darin den Versuch, durch die Pathologisierung dieser ge-

155 Zuvor sollte die Scheidung verhindern, dass aus einer heterosexuellen eine gleichgeschlechtliche Ehe wurde, wenn einer der Partner_innen, den Personenstand ändern ließ. Diese Regelung wurde vom Bundesverfassungsgericht jedoch als illegitim erklärt. Vgl. Adamietz: S. 18.

156 Vgl. Ebd.

157 Vgl. GEW [2012a] (Hg.): Ratgeber: Raus aus der Grauzone – Farbe bekennen. Lesben, Schwule und Trans- Lehrkräfte in der Schule. Frankfurt a. M. 2012. S. 49.

158 Adamietz: S. 19.

159 Bezüglich der Wahl der Geschlechtsidentität spielt Argentinien eine Vorreiterrolle, denn im Mai 2012 entschied der hiesige Kongress, dass jeder Mensch sein Geschlecht frei wählen darf. Demnach wird die Geschlechtszugehörigkeit „allein durch das innere und individuelle Erleben des Geschlechts bestimmt, [...] unabhängig von der Geschlechtsbestimmung bei der Geburt." Auch Nachweise über eine Geschlechtsumwandlung sind nicht mehr nötig. Siehe: Vogt, Jürgen: So, wie jede Person es fühlt. In: TAZ vom 11.05.2012.
URL: http://www.taz.de/Freie-Wahl-des-Geschlechts-in-Argentinien/!93187. (Stand: 01.07.2012)

160 Dass es sich bei trans* Personen um psychisch Kranke handelt, konstatieren etwa die ICD (International Statistical Classification of Diseases and Related Health Problems), die von der WHO herausgegeben wird (in der aktuellen Ausgabe ICD-10 in Abschnitt F64), oder das DSM (Diagnostic and Statistical Manual of Mental Disorders) von der Amerikanischen Psychiatrischen Vereinigung (APA). Vgl. Adamietz: S. 15.

schlechtlichen Identität die gesellschaftlich verwurzelte Geschlechterdichotomie nicht in Frage stellen zu müssen. Indem Trans* als krankhaft angesehen wird, ermöglicht es den Menschen, „sich, von den Transidenten abgrenzend, ihrer eigenen ‚Normalität' zu vergewissern."[161] Hirschauer bezeichnet dies treffend als „Selbstvergewisserung durch Distinktion"[162].
Rauchfleisch spricht sich dafür aus, Transidentität nicht etwa als Geschlechtsidentitätsstörung wahrzunehmen, sondern als „Normvariante [...], die in sich, wie alle sexuellen Orientierungen, das ganze Spektrum von psychischer Gesundheit bis Krankheit enthält."[163] Folgerichtig plädiert er für die „Beseitigung von sozialer, an das biologische Geschlecht gebundener Ungleichheit"[164], da starre Modelle „das Leben des einzelnen Menschen [...] letztendlich einengen und kreative Lebensentwürfe verhindern."[165]

4.2.3 Diskriminierungserfahrungen von Trans*-Personen

Neben Pathologisierungen erleiden trans* Personen ebenso im Alltag Diskriminierungen. So müssen sie dafür kämpfen, dass sie in ihrem psychischen Geschlecht angesprochen und auch in diesem wahrgenommen werden. Deutlich wird hierbei, dass trans* Menschen, die sich entsprechend ihres psychischen Geschlechtes vermeintlich konform verhalten und kleiden, eher in diesem akzeptiert werden als Trans*, die sich nicht gängigen Geschlechterrollenerwartungen unterwerfen.[166]
Nicht verwunderlich ist daher die Tatsache, dass trans* Personen oftmals nicht deshalb Hilfe suchen, „weil sie ihren Drang, zum anderen Geschlecht zu gehören, verwirklichen wollen. Viele kommen mit der Bitte, ihre Transsexualität wegtherapieren zu lassen, was aber nicht geht."[167] Wenn demnach einige Trans* begehren, ganz *normal* zu sein, um nicht aus dem Zweigeschlechter-

---

161 Rauchfleisch: (2009): S. 186.
162 Hirschauer, Stefan. Zitiert nach: Ebd. Distinktion wird hier im soziologischen Sinne als Unterscheidung verstanden, die zur Folge hat, dass sich von bestimmten sozialen Gruppen abgegrenzt wird.
163 Ebd. S. 24.
164 Ebd. S. 192.
165 Ebd. S. 194.
166 Vgl. Kraß, Andreas (Hg.): Queer Denken. Gegen die Ordnung der Sexualität (Queer Studies). Frankfurt a. M. 2003. S. 80.
167 Radandt, Ilona. Zitiert nach: Braun, Joachim; Martin, Beate: Gemischte Gefühle. Ein Lesebuch zur sexuellen Orientierung. Hamburg 2000. S. 84. Radandt berät in Berlin Trans*.

modell zu fallen, ist ebenso zu hinterfragen, ob die Entscheidung von Trans*, sich chirurgisch an ihr Wunschgeschlecht angleichen zu lassen, aus gesellschaftlichem Zwang erfolgt, weil die Gesellschaft keine Menschen duldet, „die sich dem Diktat der Zweigeschlechtlichkeit entziehen"[168]. Die Antwort scheint eine Auswertung US-amerikanischer Studien zu Hassverbrechen gegen trans* Personen von Mizock und Lewis (2008) zu geben. Diesen stellte nicht nur klar, dass Trans* „in gravierendem Ausmaß Opfer verbaler und körperlicher Gewalt "[169] sind - und zwar doppelt so häufig wie der amerikanische Durchschnittsbürger. Auch konnte aufgezeigt werden, dass ebenjene Trans*-Personen stigmatisiert und drangsaliert wurden, „deren Geschlecht in den Augen anderer nicht eindeutig erscheine."[170] Dieser „geschlechternormenbasierten Diskriminierung"[171] liegen transphobe Einstellungen zugrunde, d.h. negative Einstellungen gegenüber Trans*-Personen, die gesellschaftlich erlernt und strukturell verwurzelt sind[172] und sich gegen die scheinbare Abweichung von Geschlechternormen richten. Mitunter werden Trans*-Menschen „auch als feminine Männer bzw. männliche Frauen gelesen und mit den Zuschreibungen ‚schwul' bzw. ‚lesbisch' belegt und damit aus homophober Motivation heraus angegriffen"[173]. Homophobie - als negative Einstellungen gegenüber Homosexuellen - und Transphobie verschwimmen hier als „emotionale Verachtung für Individuen, die nicht den Geschlechtserwartungen der Gesellschaft entsprechen"[174] und sollen demnach die heteronormative Gesellschaftsordnung gewaltsam durchsetzen.

Die Antidiskriminierungsstelle des Bundes spricht sich deshalb dafür aus, die Gleichstellung in sämtlichen Lebensbereichen nicht nur auf das männliche und weibliche Geschlecht anzuwenden, sondern auf alle Geschlechter und Geschlechtsidentitäten. Verfolgt man diese Forderung konsequent, fallen auch der Schule spezifische Aufgaben zu, die sie zu bewältigen hat, um als geschlechtersensibel und antidiskriminierend zu gelten.

---

168 Rauchfleisch: (2009): S. 190.

169 Franzen und Sauer: S. 28.

170 Die europäische Jugendstudie von ILGA berichtet ähnliche negative Erfahrungen von Trans*. Speziell mit Mobbing und Gewalt haben etwa 53 % aller Befragten Erfahrungen. (Ebd. S. 55.)

171 Begriff nach Anson Koch-Rein (2006). In: Ebd. S. 29.

172 Bei dieser Erklärung für Transphobie wurde sich an Steffens Definition für Homophobie orientiert. Vgl. Steffens: S. 14.

173 Franzen und Sauer: S. 25.

174 Definition für Transphobie nach Hill/Willoughby (2005). Ebd.

4.3 „König und König“[175] - Die Lebenssituation von homo-, bi- und multisexuellen Menschen

Die Geschlechterrolle (*gender role*), in dem der Mensch wahrgenommen wird, „steht in der Regel in Übereinstimmung, aber mitunter auch im Konflikt mit dem biologischen Geschlecht (Sex).“[176] Dies kann sich - wie oben ausgeführt - dadurch äußern, dass „nicht normative, geschlechtliche Existenzweisen“[177] wie transidente oder intergeschlechtliche Menschen in das binäre Geschlechtersystem gezwängt oder in ihrem psychischen Geschlecht nicht anerkannt werden. Ebenso kommt es vor, dass Menschen die Prädikate *typisch männlich* oder *typisch weiblich* aberkannt werden, wenn sie sich vermeintlich geschlechternonkonform verhalten, also gegen die gängigen gesellschaftlichen Erwartungen, die an das Geschlecht geknüpft sind, verstoßen. Homo-, bi- und multisexuelle Menschen leiden unter dieser Stigmatisierung. Ihr Begehren wird oftmals als Geschlechterrollen überschreitend angesehen und deshalb abgelehnt. Daher wird in der Kritik an einem Zwei-Geschlechter-Modell immer auch Kritik an einer heteronormativen Denkweise mitformuliert, die diskursiv durch die Annahme zweier divergierender Geschlechter erwächst, denen durch soziale Interaktion dichotome Rollen (*gender role*) zugewiesen werden. In dieser Konsequenz stellt Heterosexualität die Norm dar, während „den Normen unangemessenes Verhalten gesellschaftlich sanktioniert wird.“[178] Innerhalb der Heteronorm wird nicht-heterosexuelles Begehren zwangsläufig als Abweichung mitgedacht. Die Lebenssituation homo-, bi- und multisexueller Menschen innerhalb dieses „sozialen Ordnungsmusters“[179] wird im Nachfolgenden erörtert.

---

175 *„König und König“* ist der Titel eines Kinderbuches von Linda de Haan und Stern Nijland (deutsche Übersetzung von Edmund Jacoby), indem sich der Thronfolger in einen Prinzen verliebt.

176 Deutscher Ethikrat: S. 34.

177 Küppers: S. 8.

178 Ebd. S. 5.

179 Franzen; Sauer: S. 28. Ausführlich heißt es: „Heteronormativität beschreibt ein soziales Ordnungsmuster, in dem zwei Geschlechter komplementär und hierarchisch aufeinander bezogen sind. Die Institutionalisierung von Heterosexualität als soziale Norm basiert auf der Marginalisierung, Dethematisierung, Kriminalisierung und Pathologisierung anderer sexueller und geschlechtlicher Lebensweisen.“

4.3.1 Diskriminierungserfahrungen homo-, bi- und multisexueller Menschen

Zahlreiche Ausführungen zur sexuellen Orientierung berichten von den Erfolgen der Schwulen- und Lesbenbewegung sowie von der wachsenden Akzeptanz homo- und bi- und pansexueller Lebensentwürfe. Angesichts fortlaufend ernüchternder Studien zu Einstellungen gegenüber nicht-heterosexuellen Personen und wiederholter Fälle homophoben Mobbings ist aber zu hinterfragen, ob zweifelsfrei eine Liberalisierung der Gesellschaft angenommen werden kann oder, „ob es sich nicht eher um eine scheinbare Toleranz handelt."[180]
Im Juni 2012 wollte das Bistum Augsburg einer Erzieherin kündigen, die sich als lesbisch geoutet hatte. Für die katholische Kirche galt dies als schwerwiegender „Verstoß gegen die Loyalitätspflicht"[181]. Zwar stellte sich das Verwaltungsgericht auf die Seite der Frau, allerdings nur, weil diese sich gerade im Erziehungsurlaub befand. Speziell im Falle von Mobbing aufgrund der sexuellen Orientierung greift normalerweise das 2006 vom Bund verabschiedete Allgemeine Gleichbehandlungsgesetz (AGG). Das AGG gilt für alle Beschäftigten; Angestellte in der Privatwirtschaft und im öffentlichen Dienst können sich ebenso darauf berufen wie Verbeamtete oder Zivildienstleistende und anerkannte Kriegsdienstverweigende. Allerdings greift das AGG nicht hinsichtlich arbeitsrechtlicher Bestimmungen für Mitarbeiter_innen der Kirchen und kirchennaher Organisationen. Für sie gilt das Arbeitsrecht der Kirchen, das die Einstellung nicht-heterosexueller Menschen unterbindet und deren Entlassung initiiert.
Weiter wurde im Mai 2013 in der katholischen Enklave Richterfeld in Niedersachsen ein Schulleiterkandidat aus dem Amt gedrängt, weil dieser offen schwul war.[182] Laut des Gemeindepfarrers kam es zu massenhaften Beschwerden bezüglich der sexuellen Orientierung des designierten Schulleiters, über die er den Betroffenen sogleich informierte. In Folge dessen zog dieser seine Bewerbung zurück, weshalb die katholische Grundschule des Örtchens nach wie vor keinen geeigneten Bewerber für das Amt des Schulleiters finden kann.

180 Timmermanns: S. 18.

181 Unbekannt: Kirche unterliegt vor Gericht. Lesbische Erzieherin darf ihren Job behalten. In: Süddeutsche.de vom 19.06.2012. URL: http://www.sueddeutsche.de/bayern/kirche-unterliegt-vor-gericht-lesbische-erzieherin-darf-ihren-job-behalten-1.1386923. (Stand: 12.07.2012)

182 Pfeffer, Michael: Katholiken mobben designierten Schuldirektor, weil er schwul ist. 08.05.2012. URL: http://www.ggg.at/index.php?cHash=67575eaded50f293608033065897a4c1&id=62&tx_ttnews[tt_news]=4390. (Stand: 04.07.2013)

Zwar verurteilten und bedauerten die niedersächsische Landesschulbehörde und der Elternverein dieses Vorkommnis, doch ist noch immer unklar, weshalb die sexuelle Orientierung eines Pädagogen eine nicht unerhebliche Zahl von Gemeindemitgliedern zu solch diskriminierendem Verhalten bewog.
Leider sind die geschilderten Vorkommnisse keine Einzelfälle und nicht nur auf religiöse Kreise beschränkt. Laut der annähernd repräsentativen „größten Studie zu negativen Einstellungen in Deutschland" von 2004 äußerte etwa die Hälfte aller Befragten „negative Einstellungen gegenüber homosexuellen und bisexuellen Männern und Frauen."[183] Die Psychologin Melanie Steffens ermittelte in einer Studie aus dem Jahre 2010, dass die Diskriminierungs- und Gewalterfahrungen von Homo- und Bisexuellen nicht nur „erschreckend"[184] häufig seien, sondern auch, dass männliche Homosexuelle „sehr viel häufiger"[185] Drangsalierungen erfahren. Das Münchner Meinungsforschungsinstitut *iconkids&youth* ermittelte zudem 2002, dass „71% der Jungen und 51% der Mädchen [im Alter von 12-17 Jahren (Anm. M.F.)] Homosexuellen ablehnend gegenüber"[186] stehen. Allein diese Zahlen zeigen, dass es noch immer - auch unter jüngeren Generationen - „beachtliche (moralische) Vorbehalte und Abneigungen"[187] gegenüber homosexuellen Personen gibt. Gegenüber einer vorausgegangenen Befragung durch *iconkids&youth* aus dem Jahre 1998 erkennt Timmermanns zudem einen „homosexuellenfeindlichen Trend"[188], denn innerhalb von vier Jahren steigerte sich die Antipathie gegenüber Lesben und Schwulen bei Jungen um 30% und bei Mädchen um 23%.[189] Damit zeigt sich, dass die Toleranz gegenüber der homo- und bisexuellen Orientierung entgegen häufigen Behauptungen grundsätzlich nicht wächst, die Anfeindungen werden bisweilen lediglich subtiler.

---

183 Steffens: 16. Darüber hinaus äußerten sich Männer negativer „insbesondere gegenüber männlichen Homo- und Bisexuellen", Frauen zeigten eher negative Einstellungen gegenüber Bisexuellen als Homosexuellen. Außerdem verzeichnete die Studie einen Alterstrend, wonach die Einstellungen bei „unter 30-jährigen [...] am positivsten, bei den über 60-Jährigen am negativsten" waren.

184 Steffens: S. 18.

185 Ebd. Mittels Telefoninterviews ermittelten Steffens et al., dass 55% aller befragten Schwulen und 26% der Lesben alltäglichen Beleidigungen ausgesetzt sind sowie 16% aller Schwulen und 12% aller Lesben bereits tätlich angegriffen wurden. Siehe: Ebd.

186 Timmermanns: S. 21.

187 Ebd.

188 Ebd. S. 24.

189 Vgl. Ebd. S. 21.

Gerade heterosexuelle Männer neigen dazu, vor allem männliche Homosexuelle abzulehnen. Zu groß ist die Angst, berührt oder angemacht zu werden, denn das Stereotyp, Sex sei für Schwule primär und dazu auch noch dreckig, ist weit verbreitet. Die Wahrnehmung Homosexueller als *übersexualisierte* Wesen zeigt sich auch in den Erkenntnissen aus Timmermanns empirischer Untersuchung zur Einstellung Jugendlicher gegenüber Homosexualität - und gibt Anlass zur Sorge:

> *»Die Angst, vergewaltigt zu werden, taucht erstaunlicher Weise nicht nur im Zusammenhang mit fremden schwulen Männern, sondern auch mit einem guten Freund, einem Lehrer oder gar dem eigenen Bruder auf, wenn dieser schwul wäre.«* [190]

4.3.2 Die rechtliche Situation von homosexuellen Paaren

Der alljährliche *State-Sponsored-Homophobia*-Bericht der Menschenrechtsorganisation ILGA (*International gay, lesbian, trans and intersex Association*) dokumentiert die weltweite rechtliche Situation für Homosexuelle. Gemäß des letzten Berichts vom Mai 2013 gibt es „in mehr als 70 Staaten Gesetze gegen homosexuelle Handlungen - in sieben Staaten droht die Todesstrafe."[191] Einige Länder haben in den letzten Jahren ihre Gesetze sogar verschärft (2011 Nigeria, 2012 Liberia, 2013 Uganda und Russland u.a.). Besonders über die Entwicklungen in Russland berichteten die Medien hierzulande: Im Sommer 2013 verabschiedete die russische Duma ein Gesetz, welches verbietet, in der Öffentlichkeit und im Beisein von Minderjährigen positiv von nicht-traditionellen sexuellen Beziehungen zu sprechen. Die Auswirkungen dieses vage formulierten Gesetzes sind verheerend: Die Polizei sieht sich nicht mehr gezwungen bei Misshandlungen und Erniedrigungen von Schwulen und Lesben ein-

190 Timmermanns: S. 119.

191 Zimmermann, Michael: Wo Homosexuellen die Todesstrafe droht. Tageschau.de vom 20.12.13. URL: http://www.tagesschau.de/ausland/hintergrund-verbot-homosexualitaet 100.html. (Stand: 13.06.2014) Im Sudan, in Somalia, Mauretanien, Nigeria, Iran, Saudi-Arabien und im Jemen drohen die Todesstrafe.

zugreifen, russische Neonazigruppen verfolgen via Internet Homosexuelle und misshandeln diese vor laufender Kamera.[192]

Doch auch positive Trends können international verzeichnet werden. So entspannte sich etwa in Südamerika die rechtliche Lage: Nicaragua entkriminalisierte 2008 als eines der letzten Länder Südamerikas homosexuelle Handlungen. In Argentinien und Urugay ist homosexuellen Paaren inzwischen erlaubt, die bürgerliche Ehe einzugehen und Kinder zu adoptieren. Auch in Großbritannien ist dies seit Mai 2014 möglich. Diese Rechte werden Schwulen und Lesben in Deutschland allerdings noch nicht eingeräumt.

Das seit August 2001 in Deutschland bestehende Lebenspartnerschaftsgesetz (LPARTG) ermöglicht es gleichgeschlechtlichen Paaren standesamtlich zu heiraten und sichert diesen (inzwischen) annähernd die gleichen Rechte zu wie heterosexuellen Ehen.[193] Letztere genießen jedoch nach wie vor einen besonderen staatlichen Schutz. Bundeskanzlerin und CDU-Vorsitzende Angela Merkel begründet die Rechtslage damit, dass die „Gleichstellung homosexueller Partnerschaften [...] unserer Verfassung" widerspreche, denn heterosexuelle Familien als „die tragenden Säulen unserer Gesellschaft" erfüllen „durch die Erziehung von Kindern eine Leistung [...], die keine andere Gemeinschaft in dieser Gesellschaft erbringen kann."[194] Kinderlosigkeit sei demnach der ausschlaggebende Punkt für eine Ungleichbehandlung - etwa indem der Eingetragenen Lebenspartnerschaft das volle Adoptionsrecht verwehrt wird. Dieser Zirkelschluss verweist auf eine diskriminierende, da distinguierende Rechtslage, denn eingetragenen Lebenspartnern wird eine gleichzeitige gemeinsame Adoption verweigert[195], während aber konstatiert wird, dass eine

---

192 Vgl. Mey, Stefan: Flickenteppich in Regenbogenfarben. Die Situation von Schwulen und Lesben weltweit. Fluter vom 26.02.14. URL: http://www.fluter.de/de/131/thema/12581. (13.06.2014)

193 Mit seinem Urteil vom 06.07.2013 beseitigte das BVG die letzte steuerliche Ungleichbehandlung, indem es entschied, dass Eingetragene Lebenspartnerschaften nicht vom Ehegattensplitting ausgenommen werden dürfen. Schließlich profitierten bis zum Urteil auch kinderlose verheiratete Paare vom Ehegattensplitting, Eingetragene Lebenspartnerschaften, in denen Kinder leben, allerdings nicht. Vgl. Antidiskriminierungsstelle des Bundes: Fakten zur Gleichstellung von eingetragenen Lebenspartnerschaften. URL: http://www.antidiskriminierungsstelle.de/SharedDocs/Aktuelles/DE/2012/FAQ-eingetragene-lebenspartnerschaften-20120820.html. (Stand: 01.05.2014)

194 Merkel, Angela: Die Ehe ist mehr als eine Lebensgemeinschaft. In: Die Welt vom 08.10.2011. URL: http://m.welt.de/article.de?id=print-welt%252Farticle443305%252FDie-Ehe-ist-mehr-als-eine-Lebensgemeinschaft. (Stand: 06.08.2012)

195 Gemäß dem Urteil des BVG vom 19.02.2013 ist Personen in Eingetragenen Lebenspartnerschaften zumindest die Sukzessivadoption zugestanden worden, das bedeutet: Die eingetragenen Lebenspartner_innen können das Kind nacheinander adoptieren. Vgl. ADS.

echte Familie Kinder hervorbringe - ungeachtet der Tatsache, dass einige Ehen (wie die Merkels) kinderlos sind bzw. heterosexuelle Partnerschaften, die nicht den Status einer Ehe aufweisen, ebenso Kinder haben können. Diese institutionalisierte Diskriminierung entspringt einem „notorisch um das Ideal der heterosexuellen Ehe und Familie kreisenden Denken"[196]. Dieses beruht wiederum auf einem „common sense der Zweigeschlechtlichkeit in unserer Gesellschaft"[197]. Frauen und Männer zeichnen sich danach durch spezifische körperliche, vor allem gegensätzlich genitale Merkmale aus und sind daher sexuell aufeinander bezogen. Das aus der alltäglichen Erfahrung konstituierte Modell ist daher als heteronormativ zu bezeichnen, weil die Heterosexualität als „ausschließliche und essenzielle Grundlage"[198] normiert und Abweichungen von dieser Norm mit oft biologistischen Begründungen als Andersartigkeit gesehen wird: So wird sich allzeit auf das Faktum gestützt, dass nur die sexuelle Vereinigung von Mann und Frau Nachkommen erzeugen kann.[199] Dies gibt Gleichstellungsgegner_innen Anlass nicht-heterosexuelle Existenzweisen als defizitär, egoistisch oder gar demoralisierend zu charakterisieren, da sie keinen reproduktiven Beitrag leisteten (hierzu auch Kapitel 4.3.3).
Diese *bio-politische*[200] Denkweise ist dadurch charakterisiert, dass der Sex „die zentrale Bedeutung [...] für die Regulation des Gesellschaftskörpers" darstellt und damit eine „Einteilung der Gesellschaft in zu vernichtende oder förderungswürdige Gruppen vorzunehmen" [201] legitimiert. Wenngleich sich nicht-

---

196 Kraß: S. 10.

197 Küppers: S. 8.

198 Degele, Nina: Gender/Queer Studies. Eine Einführung. Paderborn 2008. S. 88.

199 Biologistisch motiviert ist z.B. die Reaktion Gabriele Kubys (Publizistin und Unterzeichnerin der „Marburger Erklärung – Für Freiheit und Selbstbestimmung – gegen totalitäre Bestrebungen der Lesben- und Schwulenverbände") auf die von der Berliner Senatsverwaltung für Arbeit, Integration und Frauen geforderte Thematisierung von Homosexualität in der Grundschule: „Wir wollen keine Kinderbücher, in denen der Prinz den Prinzen heiratet [...] Wir wollen Zukunft." (Rede Kubys in Jena am 06.12.2011.)

200 Bio-Politik bezeichnet nach Foucault ein politisches Konzept, das sich ab dem 18. Jahrhundert erkennen lässt: „Die Regierungen entdecken, daß sie es nicht nur mit Untertanen, [...] sondern mit einer ‚Bevölkerung' mit spezifischen Problemen und einigen Variablen zu tun haben wie Geburtenrate, Sterblichkeit, Lebensdauer, Fruchtbarkeit, Gesundheitszustand, Krankheitshäufigkeit [...] Im Zentrum des ökonomischen und politischen Problems der Bevölkerung steht der Sex [...]" (Foucault, Michel: Der Wille zum Wissen. Sexualität und Wahrheit 1. Frankfurt a. M. 1983. S.37.)

201 Franz, Detlev: Biologismus von oben. Das Menschenbild in Biologiebüchern. Duisburg 1993. S. 10. In Anlehnung an Foucault begreift Franz *Tötung* oder *Vernichtung* nicht nur als direkte Tötung, sondern auch „jemanden der Gefahr des Todes aussetzen, das Todesrisiko für bestimmte Menschen vervielfachen, oder [...] die Vertreibung, die Zurückweisung usw." (Ebd. Fußnote 5.)

heterosexuelle und heterosexuelle Partnerschaften nicht in der Qualität der Liebesgefühle oder sexuellen Bedürfnisse unterscheiden, wird eine Essentialisierung am Kriterium der Reproduzierbarkeit vorgenommen. Dieser Essentialismus hatte im Laufe der Geschichte verschiedene Ausprägungen und äußerte sich ab dem 19. Jahrhundert in der Pathologisierung von Homosexualität. Während Homosexualität zuvor als Straftatbestand galt, wurde die Schuldfähigkeit homosexueller Personen zunehmend dadurch in Frage gestellt, indem Homosexualität mehr und mehr als krankhafte Perversion (Richard von Krafft-Ebing) oder „angeborene Entwicklungsstörung"[202] (Havelock Ellis) diagnostiziert wurde.[203] Die allmähliche Entpathologisierung geschah in Zuge der Liberalisierung der Einstellungen gegenüber Homosexuellen in den 1980er Jahren, ehe der Ausbruch der Immuninsuffizienz AIDS die Vorbehalte gegenüber der Personengruppe wieder ansteigen ließ. Mit der Aufhebung des Paragrafen 175 StGB im Jahre 1994 wurden homosexuelle Handlungen schließlich entkriminalisiert.[204] Heteronormative Denkmuster charakterisieren Homosexualität allerdings bis heute als Abweichung von der *Normalität.*

4.3.3 Erklärungsversuche für homophobe Einstellungen

> *»Es ist schwer, einen vernunftbegabten Menschen davon zu überzeugen, dass Homosexualität, Bisexualität, Transsexualität, Transgender, Intersexualität, queere Sexualität für den Einzelnen und für die Gesellschaft den gleichen Wert haben wie Heterosexualität. Heterosexualität ist die Bedingung der Existenz des Menschengeschlechts, sie ist eine Voraussetzung von Ehe und Familie.«* [205]

202 Degele: S. 87.

203 Bis heute wurden genetische (Mutation), pränatale (bestimmte Hormonausschüttung) oder äußere Umweltfaktoren (Erziehungsstil, Verhältnis zu Mutter und Vater) als Ursache für Homosexualität widerlegt, werden aber noch immer landläufig postuliert.

204 Differenziert müssen hier Schwule und Lesben betrachtet werden. Paragraph 175 wandte sich gegen männlichen Geschlechtsverkehr. Lesbische Liebe wurde oftmals nicht wahrgenommen bzw. ignoriert. Lesben werden dadurch oft als „doppelt diskriminiert" angesehen, zum einen durch ihr Geschlecht und zum anderen, weil ihre sexuelle Orientierung oft nicht ernst genommen wird. Schwule sind dagegen häufiger „dem Stress ausgesetzt, von physischer Gewalt bedroht zu sein." (GEW [2012a]: S. 55.)

205 Kuby, Gabriele: Rede am 05.04.2014 anlässlich einer Demonstration gegen den baden-württembergischen Bildungsplan in Stuttgart. URL: www.kath.net/news/45516. (Stand: 01.05.2014)

Solle der Schutz der sexuellen Identität Eingang ins Grundgesetz finden[206], dann - so die katholische Publizistin Gabriele Kuby - gebe es „keinerlei Möglichkeit mehr, die traditionelle Familie zu bewahren“ und „Kinder vor Homosexuellen zu schützen“[207]. An derlei überzogenen Reaktionen wie der Kubys zeigt sich, dass Homosexuelle als Störenfriede des Zwei-Geschlechter-Modells gelten, da sie scheinbar gegen geschlechterkonformes Verhalten verstoßen und dadurch Verwirrung stiften. Konservative wie Kuby fürchten die Auflösung der traditionellen Geschlechterordnung, das ihnen als sicherheitsstiftendes Ordnungsmuster dient, allerdings alternative Lebensentwürfe ausschließt. Nicht überraschend ist daher, dass diejenigen Personen, „die selbst traditionelle Geschlechterrollen leben“[208], die negativsten Einstellungen gegenüber Homosexuellen aufweisen. Rauchfleisch benennt als „Hauptmotor für Gewalt und Diskriminierungen die Angst“[209]. Diese ist unterschiedlich motiviert: Zum einen kann Angst „vor eigenen, bei sich selbst aber abgelehnten lesbischen und schwulen Seiten“[210] bestehen, zum anderen können Menschen Angst haben, „dass Lesben, Schwule und Bisexuelle durch ihre Orientierung und Lebensweise zentrale, als gültig erachtete Normvorstellungen in Frage stellen.“[211] Homosexuelle werden daher vorrangig über ihr Begehren definiert und damit zunächst durch ihr distinktives Merkmal wahrgenommen. Des Weiteren wird Homosexualität vorwiegend mit Sex unter Männern assoziiert, die lesbische Liebe hingegen wird weitläufig ignoriert. Auch hält sich bis heute die landläufige Meinung, dass Lesben und Schwule mitunter durch ihr Verhalten und Aussehen zu erkennen seien. Eine Umfrage des Familienministeriums Nordrhein-Westfalen bemerkt hierzu, „dass die meisten Menschen zwar eine klare Einstellung gegenüber Homosexuellen formulieren, aber oft weder eine Lesbe noch einen Schwulen persönlich kennen.“[212]

---

206 Die Verankerung des Merkmals „sexuelle Identität“ in Artikel 3 GG fordert etwa die ADS. Vgl.URL: http://www.antidiskriminierungsstelle.de/SharedDocs/Pressemitteilungen/DE/2011/20111010_Coming_Out_Day.html. (Stand: 02.08.2012)

207 Kuby, Gabriele (2011).

208 Steffens: S. 19.

209 Rauchfleisch (2011): S. 159.

210 Ebd. S. 160.

211 Ebd.

212 Belling, Pascal: Lesbische und schwule Jugend- und Aufklärungsarbeit: Grundlagen, Modelle und Projekte aus der Praxis in NRW. In: BZgA (Hg.): Forum Sexualaufklärung und Familienplanung. Gleichgeschlechtliche Lebensweisen. 4/2002. S. 14.

Nichtsdestotrotz werden Lesben oftmals negativ konnotierte männliche Züge zugeschrieben. So äußerten einige Schüler_innen in einer Befragung Timmermanns zur Einstellung gegenüber Homosexualität Bilder von unrasierten, kurzhaarigen, ungepflegten und männerhassenden Emanzen, „zu hässlich [...] um einen Mann zu bekommen“[213]. Dagegen wird Schwulsein mit Weiblichkeit und Affektiertheit assoziiert - nicht zuletzt aufgrund des in den Medien oft bedienten Klischees vom schillernd-schrillen Schwulen. Verbunden ist dieses Zerrbild mit der Gleichsetzung von Homosexualität und Trans*. Die Verknüpfung männlicher Homosexualität mit effeminiertem Verhalten zeigt auch die Schüler_innen-Befragung Timmermanns. Ausgewählte Befragte meinten, Schwule daran erkennen zu können, dass sie modebewusst, eitel und besonders gepflegt seien, sich schrill, körperbetont und zumeist fraulich kleideten und sich darüber hinaus schminkten.[214] Eine Schülerin resümierte daher: „sie wollen reden wie Frauen, laufen wie Frauen“[215]. Für Rauchfleisch repräsentieren diese Stereotype vom schwulen Mann, dass Homosexualität „in einem diametralen Gegensatz zu den gesellschaftlich allgemein akzeptierten und geförderten Männlichkeitsidealen steht.“[216] Sensibilität und Emotionalität etwa gelten bekanntlich schon als *weibisch*.

Ein starres Geschlechterrollenmodell steigert den „normativen Druck“[217], dem nicht nur Homo-, Bi und Multisexuelle ausgesetzt sind, sondern auch Heterosexuelle. So konstatiert Uwe Sielert, dass insbesondere Männer „aus Angst davor, als ‚schwul‘ identifiziert zu werden bzw. sich selbst so einordnen zu müssen, auf viele emotionale Beziehungsmöglichkeiten“[218] verzichten. Empirisch belegt wird Sielerts These durch eine Studie Gunter Schmidts zur Jugendsexualität von 1993, der zufolge ein „Rückgang homosexueller Kontakte unter Jungen in den letzten 30 Jahren“[219] zu verzeichnen ist. Eine Studie der *Bundeszentrale für gesundheitliche Aufklärung* (BZGA) zur Jugendsexualität aus

213 Timmermanns: S. 107.
214 Vgl. Ebd. S. 105f.
215 Ebd. S. 105.
216 Rauchfleisch (2011): S. 171.
217 Timmermanns: S. 44.
218 Ebd.
219 Ebd. Fußnote 28.

dem Jahre 2006 bestätigt den langfristigen Trend.[220] Schmidt macht vor allem die Medien verantwortlich, die vorschreiben, wie intimes oder sexuelles Geschehen abzulaufen habe.[221] Jutta Hartmann zufolge werde die freie persönliche Entfaltung durch eine starre Identitätskategorie gestört, d.h. durch die Einteilung in die als genuin empfundene heterosexuelle und die von der Norm abweichende homo-, bi- oder multisexuelle Identität. Auch Schmidt spricht sich gegen „monosexuelle Schubladen"[222] aus, die dazu führen, dass homoerotische Erlebnisse ausschließlich Homosexuellen zuerkannt, diesen aber heterosexuelle Kontakte aberkannt werden - und umgekehrt.[223] Hartmann schlägt daher ein „prozessurales Identitätsverständnis"[224] vor, das die sexuelle Identität nicht „als eine von Geburt an feststehende Determinante"[225], sondern dynamisch begreift. Sielert spricht sich ebenfalls für eine „Variabilisierung der Art und Richtung des Begehrens"[226] aus. Wieso soll also die sexuelle Orientierung im Laufe des Lebens nicht variieren? Damit appelliert Hartmann an die schulische Sexualpädagogik, die dafür Sorge tragen solle, dass gesellschaftliche Normen hinterfragt, soziokulturelle Modelle dekonstruiert und somit die Grenzen zwischen den vielfältigen Begehrensformen unterminiert werden. Nur das schaffe tatsächlich Akzeptanz und ermögliche die angstfreie Entfaltung der Persönlichkeit:

> »*Dichotomisierung und Abwertung trennt nicht nur Menschen untereinander, sondern spaltet uns Menschen in uns selbst. Die heteronormative Logik des wechselseitigen Ausschlusses - z.B. Hetero-* oder *Homosexualität - erschwert den Zugang zu Verwirklichung und Genuss der Bandbreite potenzieller Ausdruckskraft.*« [227]

220 Vgl. BZgA: Jugendsexualität. Wiederholungsbefragung von 14-17-Jährigen und ihren Eltern. Ergebnisse der Repräsentativbefragung aus 2005. Köln 2006. S. 84. So wurden 1980 gleichgeschlechtliche Kontakte noch von jedem zehnten Jungen bejaht. Mädchen scheinen hingegen immer weniger Ängste oder Bedenken hinsichtlich gleichgeschlechtlichen körperlichen Kontaktes zu haben. Deren Anteil liegt mit 13% aktuell erheblich über denen der letzten Befragung.

221 Vgl. Timmermanns: S. 44.

222 Begriff nach Schmidt, Gunter. In: Ebd. S. 46.

223 Die monosexuelle Beharrlichkeit hat laut Studien zwar zugenommen, Schmidt meint aber „Auflösungszeichen heterosexueller Verschlossenheit" zu entdecken. Siehe: Ebd.

224 Hartmann, Jutta. In: Ebd. S: 45.

225 Ebd.

226 Ebd.

227 Hartmann: S. 63.

4.4 Regenbogenfamilien

> *»Es gibt erhebliche Lebensstilunterschiede zwischen homosexuell und heterosexuell lebenden Paaren. Statistisch gesehen ist die Promiskuität bei homosexuell lebenden Männern deutlich höher als in einer üblichen Vater-Mutter-Beziehung. Das wirkt sich destruktiv auf die Bindungsbedürfnisse von Kindern aus.«* [228]

Die Aussage der Kinder- und Jugendärztin Christl Ruth Vonholdt zeigt: Voreingenommenheit und falsche Generalisierungen bestimmen bis heute die Debatten um eine rechtliche Gleichstellung lesbischer Mütter und schwuler Väter mit heterosexuellen Familien. Wesentliche Aussagen von Gleichstellungsgegner_innen sind etwa: Die „psychosexuelle Entwicklung des Kindes" werde „durch die gleichgeschlechtliche Orientierung der Eltern negativ beeinflusst"[229], weshalb „die Kinder selbst lesbisch bzw. schwul werden" oder „keine adäquate Geschlechtsidentität entfalten"[230] können. Abgesehen davon, dass die geschlechtliche Identität und die sexuelle Orientierung hierbei fälschlicherweise miteinander vermischt werden, zeigt diese Haltung eindeutig, dass Gleichstellungsgegner_innen Orientierungen jenseits der Heteronormativität als ungewollt ansehen. Ein weiterer Vorbehalt ist, dass sich der „Lebensstil der Eltern negativ auf die Persönlichkeitsentwicklung des Kindes"[231] auswirken und das Kind infolge dessen Verhaltensauffälligkeiten oder psychische Probleme aufweisen könne. Ebenso befürchtet man „Stigmatisierung und Ausgrenzung durch Gleichaltrige"[232], was soziale wie psychische Folgen für das Kind habe.

Zahlreiche Studien widerlegten diese Vorbehalte. Zuletzt geschah dies 2014 durch eine US-Langzeitstudie des *Williams Institute* in Los Angeles. Die *US National Longitudinal Lesbian Family Study* konnte wiederholt eine ungestörte

---

228 Vonholdt, Christl Ruht: Das Recht des Kindes auf Vater und Mutter. Zehn Gründe gegen ein Adoptionsrecht für homosexuell lebende Paare. URL: http://www.dijg.de/homosexualitaet/adoptionsrecht/recht-mutter-vater. (Stand: 06.08.2012) Vonholdt ist Leiterin des Deutschen Instituts für Jugend und Gesellschaft (DIJG) der Offensive Junger Christen e.V. (OJG).

229 Kugler und Nordt: S. 1.

230 Ebd.

231 Ebd.

232 Ebd.

kindliche Entwicklung bestätigen.[233] Bereits zuvor zahlreich unternommene Untersuchungen von Kindern in Regenbogenfamilien bestätigten eine nicht nachteilige psychische Entwicklung in Regenbogenfamilien. Melanie Steffens und Elke Jansen wiesen z.B. bereits 2006 nach, „dass sich Kinder von homosexuellen Eltern ebenso gut entwickeln wie Kinder von heterosexuellen."[234]
Die trotz dieser Belege noch immer existenten strukturellen Diskriminierungen und die damit einhergehende ungleich rechtliche Absicherung von Regenbogenfamilien im Vergleich zu traditionellen Familienformen können hingegen sowohl bei den Eltern als auch bei den Kindern die Häufigkeit für das Auftreten psychischer Störungen erhöhen.[235] Der Grund dafür ist, dass erfahrene Gewalt und Angst vor Diskriminierungen zu vermehrtem Stress führen, dem „Angehörige von stigmatisierten sozialen Gruppen auf Grund ihrer Minderheitenposition"[236] permanent ausgesetzt sind. Die Nicht-Gleichstellung von Regenbogenfamilien ist daher als fahrlässig zu bezeichnen. Uli Streib-Brzič, eine Mitautorin der 2012 publizierten internationalen Studie *School is out?!* macht deutlich, dass viele Kinder, um vorbehaltlos akzeptiert zu werden, versuchen „sich und ihre Familien als so normal wie möglich darzustellen bzw. sie wählen, um sich selbst zu schützen, die Strategie des Nicht-Veröffentlichens."[237] Die vergleichende Studie wurde in Deutschland, Schweden und Slowenien durchgeführt und befasste sich mit der Frage, „ob Kinder, die mit Eltern aufwachsen, die sich als lesbisch, schwul, bisexuell und trans (LGBT) identifizieren, Diskriminierungen in der Schule erleben und welche Strategien sie im Umgang damit entwickeln."[238] Ergebnisse der Untersuchung zeigen, dass Kinder aus Regenbogenfamilien zwar „in der Regel gut integriert" seien und „selten direkte Formen von Gewalt" erlebten, allerdings

233 Vgl. Unbekannt: US-Langzeitstudie: Kinder aus Regenbogenfamilien erfahren gleiche gesunde Entwicklung. 20.06.2012. URL: http://www.thinkoutsideyourbox.net/?p=25937. So berichtet Henny Bos (Hauptautorin der Studie) bezüglich der kindlichen Entwicklung in lesbischen Familien: „Es wurden keine Unterschiede im Wohlbefinden von Menschen mit und ohne männliche Vorbilder, oder zwischen Mädchen und Jungen gefunden. Es gab keine empirischen Hinweise darauf, dass Jungen einen gleichgeschlechtlichen Elternteil oder ein männliches Vorbild benötigen, um ein gesundes psychisches Wohlbefinden zu entwickeln." (Stand: 02.08.2012)

234 Steffens: S. 15.

235 Vgl. Ebd. S. 14.

236 Ebd. S. 14.

237 Streib-Brzič, Uli: School is out?! – Erfahrungen von Kindern aus Regenbogenfamilien in der Schule. 2012. URL: http://www.hu-berlin.de/pr/pressemitteilungen/pm1202/pm_120209_00. (Stand: 06.08.2012)

238 Ebd.

konnte sichtbar gemacht werden, dass ebenjene Kinder „befürchten, dass ihre Familienform von anderen – Gleichaltrigen wie auch Pädagoginnen und Pädagogen – als Abweichung von einer Hetero-Normalität gesehen und tendenziell eher negativ bewertet wird.“[239]

Eine grundlegende Verantwortung für die von Vorbehalten bestimmte Lebenssituation von Regenbogenfamilien und ihren Kindern habe laut der Studie *School is out?!* vor allem die Schule. Pädagog_innen mangele es „häufig an Wissen und Offenheit für das Thema“, weshalb „die Vielfalt an Familienformen in der Schule kaum vermittelt“[240] werde. Das Fehlen adäquater Unterrichtsmaterialien trage zum vorurteilsbelasteten Alltag von Regenbogenfamilien bei.

239 Streib-Brzič.
240 Ebd.

5 | Geschlechtliche und sexuelle Vielfalt in der Schule

Angesichts der häufig angesprochenen Rolle der Schule bei der Konstituierung struktureller Diskriminierung gegenüber LSBTIQ*-Personen soll die Erziehungs- und Sozialisationsinstanz nun im Mittelpunkt stehen. Stellt Schule trotz der angesprochenen Defizite geschlechtliche und sexuelle Vielfalt vertretbar dar? Und ermöglicht sie Schüler_innen hinlänglich die gleichen Lernvoraussetzungen und persönlichen Entfaltungsmöglichkeiten durch geschlechtersensible und normenkritische Didaktik? Mit der Beantwortung dieser Fragen kann ermittelt werden, was LSBTIQ*-Aufklärungs- und Bildungsinitiativen in Kontaktsituationen leisten müssen, um gemäß des pädagogischen Ansatzes dieser Arbeit dekonstruktiv-emanzipatorisch zu arbeiten. Unterstützt Schule sie hierbei oder besteht die Gefahr, dass externe Vertreter_innen angesichts der vermuteten mangelnden Antidiskriminierungs- und Gleichstellungsarbeit in Schulen die Reduktion negativer Einstellungen nicht effektiv bewirken können? Werden derlei Einstellungen vielleicht sogar verstärkt?

5.1 Anforderungen an Schule

Die zentrale Herausforderung der Jugendphase und vor allem der Pubertät ist die Entwicklung einer eigenen Identität.[241] Heranwachsende haben in dieser Zeit „eine Vielzahl geschlechts- und sexualbezogener Entwicklungsaufgaben zu bewältigen“[242]. Sie entwickeln eine selbstbestimmte geschlechtliche Identität und sexuelle Orientierung. Die Jugendzeit fällt dabei in die Zeit des Schulbesuchs, weshalb an Schule als Erziehungs- und Sozialisationsinstanz Aufgaben formuliert werden, die Jugendliche bei der Ausbildung ihrer eigenen, individuellen Persönlichkeit unterstützen. So formuliert das Thüringer Schulgesetz etwa: „Die Schule fördert den Entwicklungsprozess der Schüler zur Ausbildung ihrer Individualität, zu Selbstvertrauen und eigenverantwortli-

---

241 Umfassend äußert sich hierzu der 13. Kinder- und Jugendbericht des Bundesministeriums für Familie, Senioren, Frauen und Jugend (BMFSFJ) 2009. S. 119. Vgl. URL: http://www.bmfsfj.de/RedaktionBMFSFJ/Broschuerenstelle/Pdf-Anlagen/13-kinder-jugendbericht,property=pdf,bereich=bmfsfj,sprache=de,rwb=true.pdf. (Stand: 07.05.2014)

242 Schetsche und Schmidt: S. 566.

chem Handeln."[243] Dies verdeutlicht, dass „der Bildungsauftrag von Schule [...] mehr als die Vermittlung von Fachkenntnissen"[244] umfasst und Schule zum psychischen und sozialen Wohlergehen der Schüler_innen innerhalb der Gesellschaft beitragen soll. Es sollen demnach nicht nur vorherrschende Strukturen und Normen von Kultur und Gesellschaft internalisiert werden (Enkulturation), wodurch die Schüler_innen lernen „sich an das jeweilige System anzupassen"[245] (Integration). Sozialisation bedeutet ebenso, durch absichtsvolle pädagogische Maßnahmen, d.h. durch bestimmte Lernzugänge und Lernangebote, bestehende Werte und Richtlinien zu reflektieren und zu kritisieren. Denn das Individuum wird nicht nur durch die Umwelt geformt, es formt die Umwelt gleichermaßen. Daher soll jeder Mensch auch als selbstbestimmte Identität, etwa durch bestimmte Persönlichkeitsmerkmale, Fähigkeiten oder Einstellungen, wahrgenommen werden. Dabei wird deutlich, dass sich jeder Mensch von anderen Menschen unterscheidet. Diese Unterschiede legitimieren allerdings keine Hierarchien und Ungleichbehandlungen.[246] In einer liberalen Gesellschaft wie unserer wird von der Schule als demokratische Lehranstalt erwartet, dass sie jedem Menschen die gleichen Bildungschancen und Aussichten auf Erfolg gewährleistet. Dies gelingt allerdings nur, wenn die Heterogenität der Lernenden in ihrer Vielfalt registriert und akzeptiert wird. Das damit verfolgte Konzept der Inklusion verlangt die ständige Prüfung, ob „das System so geschaffen ist, dass die vielfältigsten Lebensumstände berücksichtigt werden."[247]

Gleichzeitig ist darauf zu achten, dass Schule nicht pauschal differenziert und damit wiederum Ungerechtigkeit evoziert. Dahingehend spricht sich der *Elfte Kinder- und Jugendbericht des Bundes* für eine *Entdramatisierung* von Geschlecht aus.[248] Denn indem Geschlecht nach wie vor ein dominantes Kriterium sozia-

243 Auszug aus § 2 des THÜRINGER SCHULGESETZES (THÜRSCHULG). URL: http://www.thueringen.de/de/tmbwk/ bildung/schulwesen/gesetze/schulgesetz/#erster. (Stand: 07.05.2014)

244 Holtappels: S. 37.

245 Schwabe, Ruth: Kann Inklusion volle gesellschaftliche Teilhabe bewirken? In: Bildung & Wissenschaft. Januar/Februar 2007. S. 45.

246 Vgl. Ebd.

247 Ebd. Schwabe macht hier deutlich, dass Inklusion angestrebt werden soll, nicht Integration in Form der bloßen Akzeptanz, denn „das Konzept der Integration [geht (Anm. M. F.)] davon aus, dass die Kinder lernen sollen, sich an das jeweilige System anzupassen."

248 Vgl. BMFSFJ (Hg.): Elfter Kinder- und Jugendbericht. 2. Auflage. Berlin 2002. S. 108. URL: http://www.bmfsfj.de/doku/Publikationen/kjb/data/download/11_Jugendbericht_gesamt.pdf. (Stand: 10.06.2012)

ler Differenzierung bleibt, kann dieses „bestimmend für Diskriminierung bzw. Partizipationschancen sein"[249]. Margit Auer macht in ihrer Dissertation zur interessenorientierten Jugendarbeit deutlich, dass gegenwärtig die Unterschiede „innerhalb eines Geschlechtes" größer seien als „zwischen den Geschlechtern, was die Rede von ‚den' Mädchen oder ‚den' Jungen nicht mehr erlaubt."[250] Dies bestätigen auch Katharina Schiedering und Dagmar Vinzl und führen an, dass die Hirnforschung nicht einmal widerspruchsfreie Erkenntnisse vorliegen hat.[251] „Es gibt weder das männliche noch das weibliche Gehirn, es gibt auch kein Unisex-Gehirn. Jedes Gehirn ist einzigartig."

Durch die Dominanz starrer Geschlechterrollen werden nicht nur vermeintlich Geschlechtergrenzen überschreitende Handlungen stigmatisiert, sondern auch alternative Lebensentwürfe inferiorisiert oder ausgeblendet. Lüders zufolge werde von Schule als Fürsorgeeinrichtung aber erwartet, dass sie sicherstellt, „dass die ihnen anvertrauten Jugendlichen sich frei von Angst und Diskriminierung entfalten können. Schulen müssen ein sicherer und inklusiver Ort für alle Jugendlichen werden, [...] egal [...] welcher geschlechtlichen oder sexuellen Identität."[252]

Bezugnehmend auf den gleichstellungsorientierten Ansatz der Arbeit muss daher gefragt werden: a) Trägt Schule zur Aufrechterhaltung starrer Geschlechterdifferenzen bei, tradiert sie binäre Rollenvorstellungen und verhindert somit, dass alle Schüler_innen „ihre individuellen, vielfältigen Lern- und Lebensmöglichkeiten entfalten können"[253]? b) Beugt Schule der Diskriminierung und Ungleichbehandlung von LSBTIQ* vor oder muss aufgrund der in Kapitel 2 und 3 geschilderten gesellschaftlichen Vorbehalte gegenüber diesen Personengruppen daran gezweifelt werden, dass Schule auf ihre besondere Lebenswelt, die spezifischen Erfahrungen und rechtlichen Benachteiligungen eingeht?

---

249 BMFSFJ (2012): S. 108.

250 Auer, Margit: Interessenorientierte Jugendarbeit. Tübingen 2010. S. 25. URL: http://tobias-lib.uni-tuebingen.de/volltexte/2011/5432/pdf/Dissertation_Interessenorientierte_Jugendarbeit.pdf. (Stand: 29.06.2012) Auer stützt sich hierbei auf die Shell Jugendstudie von 2000, die zu dem Ergebnis kommt, „dass Mädchen und Jungen sich bezüglich Werten, Lebenskonzepten, Zukunftsvorstellungen und biografischer Planung angeglichen haben". (Ebd.)

251 Schiederig und Vinz: S. 22.

252 Lüders (2012).

253 Schwabe: S. 45.

5.2 Doing Gender – Die Konstruktion von Geschlecht

Aus der Zuweisung zu einem biologisch vermeintlich universellen Geschlecht (*sex*) erwachsen kulturelle Erwartungen bezüglich eines geschlechterdifferenzierten Rollenverhaltens. Die Vorstellung, wie sich eine Frau/ein Mädchen bzw. ein Mann/ein Junge zu verhalten und welche Eigenschaften er_sie aufzuweisen hat, entnehmen wir den Geschlechtsrollennormen unserer Gesellschaft. Sie bilden die soziale Identität bzw. das soziale Geschlecht des Menschen (Gender). Beispielsweise ist zwar biologisch determiniert, dass nur Frauen Anlagen zur Gebährfähigkeit besitzen, ob jedoch nur die Frau fähig oder zuständig ist Kinder zu erziehen, ist Ausdruck eines bestimmten Rollenverständnisses. Praktiken, durch die der Mensch gelehrt bekommt, wie bzw. ob er sich vermeintlich geschlechtsadäquat verhält, werden als *Doing Gender* bezeichnet. *Doing Gender* hat zur Folge, dass Menschen versuchen - vor allem in einem Alter, in dem sie sich ihrer Geschlechtsidentität noch unsicher sind - sich geschlechtsadäquat zu verhalten, also „nur Dinge zu tun, die dem eigenen Geschlecht zugeschrieben werden."[254] Dabei orientiert sich die Praxis selbst an vorherrschenden gesellschaftlichen Normen. Die daraus abgeleiteten Rollenerwartungen variieren historisch und „je nach Kulturkreis, ethnischer Herkunft, Religion, Bildung, sozialer Klasse sowie nach dem geographischen, wirtschaftlichen und politischen Umfeld".[255]

Um den normierten Geschlechterrollenerwartungen und ihrem inhärenten Diskriminierungspotential entgegenzutreten, hält die BRD seit 1994 durch die Änderung des Artikels 3 im Grundgesetz dazu an, die „tatsächliche Durchsetzung der Gleichberechtigung von Frauen und Männern" herzustellen und zu fördern sowie „auf die Beseitigung bestehender Nachteile"[256] hinzuarbeiten. Zudem entwickelte die EU 1996 ein Konzept zur Förderung der Geschlechtergleichstellung und verpflichtete 1997 im Vertrag von Amsterdam die Beitrittsstaaten zum sogenannten *Gender-Mainstreaming*. Die gleichnamige Arbeits-

---

254 GEW (Hg.): Eine Schule für Mädchen und Jungen. Praxishilfe mit Unterrichtsentwürfen für eine geschlechtergerechte Bildung. Frankfurt a. M. 2007. S. 18.

255 EQUAL-Leitfaden zu Gender Mainstreaming der Europäischen Kommission, Generaldirektion Beschäftigung, soziale Angelegenheiten und Chancengleichheit, Referat B4. 2004. S. 11. URL: http://ec.europa.eu/employment_social/equal_consolidated/data/document/gendermain_de.pdf. (Stand: 15.05.2014)

256 Art. 3 Abs. 2 GG.

gruppe der Europäischen Kommission versteht Gender-Mainstreaming als Instrument, mit dessen Hilfe „gesellschaftliche Strukturen und Praktiken sowie das Verhältnis zwischen Frauen und Männern radikal überdacht werden [...], um die tief sitzenden und oft verborgenen Ursachen für Ungleichheiten auszumerzen."[257] Seitdem stellt die *Genderkompetenz* als basale Schlüsselqualifikation ein Qualitätsmerkmal schulischer Bildung dar.

Diese gleichstellungsorientierte Arbeitsweise[258] soll bei Lehrenden wie bei Lernenden ein Bewusstsein dafür schaffen, dass der Mensch in seiner Sozialisation - ob in der Schule, im Elternhaus oder im Freundeskreis mit bestimmten Vorstellungen von Geschlechtsdifferenzen und Erwartungen aufgrund der Zugehörigkeit eines Geschlechtes konfrontiert wird. Genderkompetenz umfasst folglich das Wissen um sozio-kulturelle Geschlechterkonstruktionen, die Wandlungsprozessen unterliegen, und die Fähigkeit, „so damit umzugehen, dass beiden Geschlechtern neue und vielfältige Entwicklungsmöglichkeiten eröffnet werden."[259]

Schulen werden dazu angehalten, „zum Abbau von Geschlechterhierarchien beizutragen, geschlechterstereotype Zuschreibungen zu vermeiden und dazu beizutragen, dass Vielfalt und Differenz gelebt werden kann, ohne durch die Geschlechtszugehörigkeit eingeengt zu werden."[260] Lernende wie Lehrende sollen so bestehende politische Konzepte und Maßnahmen kritisch beleuchten und ihre soziale Identität hinterfragen. Allerdings wird Genderkompetenz, die damit als Teil sozialer und Ich-Kompetenz angesehen wird, weder im Kons-

257 Europäische Kommission: S. 9.

258 Der Prozess des Gender-Mainstreamings, wie er in Deutschland durch das Ministerium für Familie, Senioren, Frauen und Jugend sichergestellt wird, unterscheidet sich vom Charakter des EU-Konzeptes. Während der Ausschuss Gender-Mainstreaming der Europäischen Kommission noch davon spricht, dass die „unterschiedlichen Verhaltensweisen, Erwartungen und Bedürfnisse von Frauen und Männern [...] gleichermaßen anerkannt und gefördert" werden müssen, fordert das Bundesministerium „nicht stereotyp ‚die Frauen' oder auch ‚die Männer' in den Blick zu nehmen, sondern Menschen in ihrer Unterschiedlichkeit und Vielfalt zu berücksichtigen", denn niemand sei „nur männlich oder nur weiblich". Siehe: Europäische Kommission. S. 11 sowie Internetpräsenz des BMFSFJ. URL: http://www.bmfsfj.de/BMFSFJ/gleichstellung,did=192702.html (Stand: 12.05.2014)

259 Horstkemper, Marianne: Schulentwicklung und Differenz: Gender. In: Bohl. S. 40. Horstkemper spricht hier von zwei Geschlechtern und vernachlässigt Trans*- und Inter*-Identitäten. Ich plädiere dafür, nicht von einer bestimmten Anzahl von Geschlechtern zu sprechen.

260 Ebd.

tanzer Beschluss zur Qualitätssicherung in Schulen[261] noch in den Standards für die Lehrer_innenbildung[262] der *Ständigen Konferenz der Kultusminister_innen* (KMK) explizit erwähnt. Damit kann die top-down Umsetzung nicht als selbstverständlich im Unterrichtsalltag angesehen werden.

Bis heute konnte nicht nachgewiesen werden, dass die Zugehörigkeit zu einem biologischen Geschlecht typische Verhaltensweisen zur Folge haben, trotzdem „erfreuen sich bestimmte differenztheoretische Thesen einer steten Popularität."[263] So wird Frauen nachgesagt, sie seien - im Gegenteil zu Männern - multitaskingfähig, hätten aber nicht so einen ausgeprägten Orientierungssinn wie Männer. Ebenso werden bis heute in der Schule divergierende Erwartungen an Schüler_innen gesetzt: Das vielfach zu Recht kritisierte didaktische Konzept der Separierung von Schüler_innen nach Geschlecht wird oftmals unter dem fadenscheinigen Motiv vorgenommen, dass Mädchen ja grundsätzlich weniger Interesse an Naturwissenschaften mitbringen. Auch die oft konstatierte auffallend höhere Kompetenz von Jungen in Mathematik, zeigt, dass Lehrkräfte ebenso an diesem Sozialisationsprozess beteiligt sind.

Ein weiteres Beispiel dafür, dass die Schule normierte Geschlechtererwartungen fördert, ist ein Beitrag zur Sexualerziehung in einem Biologiebuch für die 7. bis 10. Klasse aus Nordrhein-Westfalen. Hier heißt es spezifisch für die menschliche Entwicklung während der Pubertät: „Jungen beginnen sich für Mädchen zu interessieren und umgekehrt."[264] Diese Äußerung ist beispielhaft dafür, wie auch Schulbücher bis heute zum Teil an der Konstruktion normhafter Strukturen beteiligt sind. *Doing Gender* bewirkt hier ein *Doing Desire*. Die Geschlechterbinarität wird oftmals unreflektiert hingenommen, zwischengeschlechtliche Identitäten werden tabuisiert und ausschließlich

---

261 Grundsätzliche Überlegungen zu Leistungsvergleichen innerhalb der Bundesrepublik Deutschland. In: Konstanzer Beschluss der Kultusministerkonferenz vom 24.10.1997. URL: http://www.kmk.org/bildung-schule/qualitaetssicherung-in-schulen.html. (Stand: 08.08.2012)

262 Vgl. Standards für die Lehrerbildung: Bildungswissenschaften. In: Beschluss der Kultusministerkonferenz vom 16.12.2004. URL: http://www.kmk.org/fileadmin/veroeffentlichungen_beschluesse/2004/2004_12_16-Standards-Lehrerbildung-Bildungswissenschaften.pdf. (Stand: 04.06.2012) So heißt es im Kompetenzbereich Erziehen zwar, dass Lehrpersonen die „Bedeutung geschlechtsspezifischer Einflüsse auf Bildungs- und Erziehungsprozesse" kennen sollen, allerdings wird *doing gender* nicht problematisiert. Ebd. S. 9.

263 GEW (2007): S. 16.

264 Natur und Technik Biologie 7-10. S. 294. Zitiert nach: GEW [2012b] (Hg.): Geschlechterkonstruktionen und die Darstellung von Lesben, Schwulen, Bisexuellen, Trans* und Inter* (LSBTI) in Schulbüchern. Eine gleichstellungsorientierte Analyse von Melanie Bittner. Frankfurt a. M. 2012. S. 61.

heteronormative Lebensentwürfe vorgestellt, die Alternativen ausklammern. Erst die kritische Betrachtung von Geschlechterrollenerwartungen kann die starren Vorstellungen davon, wann ein Mann ein Mann und eine Frau eine Frau ist bzw. was diese dürfen, aufweichen. Ein erster Schritt in Richtung Gleichstellung aller sexuellen Orientierungen und geschlechtlichen Identitäten wäre damit vollzogen.

5.3 Die Darstellung von Geschlechtsidentitäten und sexuellen Orientierungen

In den nationalen Bildungsstandards findet sich keine explizite Erwähnung von LSBTIQ* und damit auch keine kritische Betrachtung der Zwei-Geschlechter-Norm, ebenso wenig wie die Kritik an der Heteronormativität.[265] Ähnlich sieht es in den Empfehlungen zur Sexualerziehung aus, die die KMK 1986 herausgab und als Teil des schulischen Bildungs- und Erziehungsauftrages begriff.[266] Abgesehen davon, dass Trans*- und Inter*-Identitäten nicht erwähnt werden, kann von einer problematischen Thematisierung von Homosexualität gesprochen werden, denn diese wird unter dem Themenfeld *Sozialethische Probleme*[267] aufgeführt und daher essentialistisch behandelt.

265 Ausschließlich in den Richtlinien für die erste Fremdsprache (Englisch/Französisch) für den Hauptschulabschluss und den Mittleren Schulabschluss werden als Teil interkultureller Kompetenzen „zwischenmenschliche Beziehungen (Geschlechterbeziehungen, Familienstrukturen, Generationsbeziehungen, u.a.)" genannt. Vgl: Beschlüsse der Kultusministerkonferenz. Bildungsstandards für die erste Fremdsprache (Englisch/Französisch) für den Mittleren Schulabschluss. Beschluss vom 4.12.2003. S. 17. URL: http://www.kmk.org/fileadmin/veroeffent lichungen_beschluesse/2003/2003_12_04-BS-erste-Fremdsprache.pdf. (01.08.2012) Und: Bildungsstandards für die erste Fremdsprache (Englisch/Französisch) für den Hauptschulabschluss. Beschluss vom 15.10.2004. S. 15. URL: http://www.kmk.org/fileadmin/veroeffentlichu ngen_beschluesse/2004/2004_10_15-Bildungsstandards-ersteFS-Haupt.pdf. (Stand: 01.08.2012)

266 Zwar hob die KMK die Empfehlungen 2002 auf, ohne neue Beschlüsse zur Sexualerziehung zu verabschieden, doch gehen die Bestimmungen der einzelnen deutschen Länder auf diese zurück und bilden bis heute in einigen Lehrplänen und regionalen Bildungsstandards die Handlungsrichtlinien für eine schulische Sexualaufklärung. Vgl. BZgA (Hg.): Richtlinien und Lehrpläne zur Sexualerziehung. Eine Analyse der Inhalte, Normen, Werte und Methoden zur Sexualaufklärung in den sechzehn Ländern der Bundesrepublik Deutschland. Eine Expertise im Auftrag der BzgA von Andrea Hilgers unter Mitarbeit von Susanne Krenzer und Nadja Mundhenke. Stand: August 2003. Köln 2004. S. 28.

267 Vgl. Ebd. S. 29.

Andrea Hilgers kommt in ihrer Untersuchung der Leitlinien zur Sexualaufklärung der deutschen Bundesländer von 2003 zu dem Schluss, dass in einigen Bundesländern „ein Sexualbegriff zu Grunde liegt, der nur die Funktionen »Fortpflanzung« und »Partnerbezug« erkennen ließ."[268] Nur neun Bundesländer behandelten Homosexualität gleichwertig[269] und vier Länder tabuisierten nicht-heterosexuelle Orientierungen.[270] Insgesamt existiert, laut einer Anfrage an die Kultusministerien der Länder durch die *Gewerkschaft Erziehung und Wissenschaft* (GEW) von 2001, keine einheitliche Betrachtung von Homo- und Bisexualität in den Rahmenplänen der einzelnen Unterrichtsfächer. Völlig verschieden handhabe man das Thema - zum einen bezüglich der Wertigkeit und zum anderen bezüglich der Wahl der Fächer, in denen die sexuelle Orientierung thematisiert werde (vorrangig in der Biologie).[271] Allerdings gebe es Bemühungen, die Sexualaufklärung hinsichtlich der veralteten KMK-Richtlinien aus dem Jahr 1968 zu überarbeiten und der heutigen Lebenswelt der Schüler_innen anzupassen.[272]

Tans* und Intergeschlechtlichkeit als Thema von Sexualaufklärung lassen sich allerdings bisher nicht erkennen. Einzig in der *Rahmenrichtlinie zur Sexualerziehung in der Berliner Schule* (AV 27) wird Trans* kurz angesprochen, allerdings nur in Abgrenzung zur sexuellen Orientierung: „Transsexualität und Transvestitismus sind als eigene Formen sexueller Identität nicht mit Homosexualität zu verwechseln."[273] Zwar sind die Berliner Sexualaufklärungsrichtlinien damit die fortschrittlichsten in ganz Deutschland, doch sind hier die Begrifflichkeiten, die Nicht-Erwähnung von Intergeschlechtlichkeit und der nicht näher erläuterte Unterschied zwischen sexueller Orientierung und Geschlechtsidentität zu problematisieren.

---

268 Vgl. Timmermanns: S. 51. Explizit werden Bayern, Rheinland-Pfalz, Schleswig-Holstein und Thüringen als die Länder genannt, in denen ein mangelhafter Sexualbegriff verfolgt werde, der etwa Lustaspekte oder identitätsstiftende Funktionen ausblende. Funktionen und Aspekte der Sexualität nach Hilgers siehe BZgA (2004): S. 23.

269 Vgl. Timmermanns: S. 52.

270 Vgl. Ebd. Dazu zählen Baden-Württemberg, Mecklenburg-Vorpommern, Niedersachsen und Schleswig-Holstein.

271 Vgl. GEW (2002): S. 37.

272 Vgl. Ebd. S. 33ff.

273 Senatsverwaltung für Bildung, Jugend und Wissenschaft Berlin: Allgemeine Hinweise zu den Rahmenplänen für Unterricht und Erziehung in der Berliner Schule A V 27: Sexualerziehung. 2001. S. 6. URL: http://www.berlin.de/imperia/md/content/sen-bildung/schulorganisation/lehrplaene/av27_2001.pdf?start&ts=1202460432&file=av27_2001.pdf. (Stand: 08.07.2012)

Trotz formulierter Bemühungen der Bundesländer[274] das Thema LSBTIQ* nicht inferiorisierend als Minderheitenproblem, sondern gleichgestellt als fachübergreifende Querschnittsaufgabe zu behandeln, belegen auch die neuesten Untersuchungen, dass LSBTIQ*-Lebensweisen noch immer entweder überhaupt nicht oder nicht adäquat in Schulen thematisiert werden.[275] Anstelle einer fächerübergreifenden Thematisierung fällt die real gelebte Vielfalt oft unter den Tisch, vor allem transidente und intergeschlechtliche Menschen werden noch immer tabuisiert. Folgerichtig ist daher Timmermanns Kritik an einer unzureichenden Lehrkräfte-Ausbildung, die zu einer Verunsicherung und Überforderung der Lehrkräfte im Umgang mit LSBTIQ* führe.[276]

Die Synopse der GEW von 2001 zeigte ebenso das rare Vorhandensein von Unterrichtsmaterialien zur Thematisierung von sexueller und geschlechtlicher Vielfalt auf. Und eine gleichstellungsorientierte Analyse von Schulbüchern von 2012 bestätigte überdies die inadäquate Darstellung nicht-normativer Geschlechtsidentitäten und sexueller Orientierungen in Schulbüchern. Zwar gilt die besagte Schulbuchstudie nicht als repräsentativ, doch zeigt sie einen anhaltend mangelhaften bis fehlenden schulpädagogischen Umgang mit geschlechtlicher und sexueller Heterogenität. Aus der Analyse leitet die Autorin Melanie Bittner ab, dass noch immer „stereotypisierende Annahmen über weibliche und männliche Personen zu finden“[277] sind und „die Norm der Zweigeschlechtlichkeit [...] nicht hinterfragt wird“[278]. Die Darstellungen kennen nur eindeutig männliche oder weibliche Wesen, die in einem eng geschnürten Normenkorsett (inter)agieren und sich fast ausschließlich heterosexuell orientieren. Ungleiche Geschlechterverhältnisse werden reproduziert und geschlechterdifferente Verhaltensweisen naturalisiert. Strukturelle Diskriminierungen werden so ausgeblendet. „Die Schüler_innen erfahren nichts über die Existenz von Trans* oder Inter* und deren Diskriminierungs- und Gewalterfahrungen.“[279] Zwar fänden Homo- und Bisexualität in einem Bruchteil der untersuchten Schulbücher Erwähnung, doch viel zu selten würden die

274 Vgl. GEW (2002): S. 33f.

275 Vgl. u.a. Timmermanns 2003; Schmäu-Wassermann 2004; Bade 2008; Ziemen 2010; GEW (2012b).

276 Vgl. Timmermanns: S. 60.

277 GEW (2012b): S. 75.

278 Ebd. S. 77.

279 Ebd.

Begrifflichkeiten auch erklärt. Diskriminierungs- und Gewalterfahrungen werden oft tabuisiert oder „verharmlosend als ‚Vorbehalte' bezeichnet."[280] Damit kommt Schule der geforderten Gleichstellung der Geschlechter und der Vorbeugung von Diskriminierung nicht nach. Sie schränkt individuelle Handlungs- und Entfaltungsmöglichkeiten ein und verhindert dadurch eine angst- und gewaltfreie Lebens- und Lernatmosphäre für alle.
Dabei können Jugendliche jenseits der Heteronorm das Gefühl entwickeln, „abseits zu stehen, nicht mitgemeint zu sein, wenn in der Schule [...] über das Leben so gesprochen wird, als sei es nur in einer heterosexuellen Partnerschaft zu verwirklichen."[281] Ebenso geraten Kinder und Jugendliche, die sich als gegen- oder zwischengeschlechtlich empfinden, in Konflikt mit den gängigen Geschlechterrollen. Sie werden tabuisiert, existieren scheinbar nicht. Schule nimmt diese unsichtbare Jugend „nicht wahr, geht nicht auf sie ein, grenzt sie [...] aus."[282]

5.4 „Macht die Schule auf – lasst Leben rein!"[283] - Forderungen an die pädagogische Praxis

Das 1988 in Nordrhein-Westfalen ins Leben gerufene Konzept zur Öffnung von Schule war die Antwort auf die vielfach geäußerte Forderung, „das Schulleben und den Unterricht stärker auf die Lebenssituation der Kinder und Jugendlichen zu beziehen"[284], da Schuluntersuchungen zeigten, dass der isolierte Unterricht in den etablierten Fächern den Aufgaben von Schulen nicht mehr nachkam. Zu oft verschließt sich die Schule - wie am Beispiel der normorientierten Sexualpädagogik gezeigt werden konnte - vor der Mannigfaltigkeit der Realität und wird damit den Interessen der Lernenden nicht ausreichend gerecht. Gerade Schlüsselqualifikationen und metakognitive Fähigkeiten, wie sie von der KMK gefordert werden, können durch *Community Education*, bei der Vertreter_innen aus der Umgebung in die Rolle der Lehrkraft schlüpfen,

280 GEW (2012b): S. 79.

281 GEW Baden-Württemberg (Hg.): Lesbische und schwule Lebensweisen – ein Thema für die Schule. 6., überarbeitete Auflage. Stuttgart 2011. S. 8.

282 Ebd.

283 Zimmermann, Jürgen. Zitiert nach: Rixius: S. 73.

284 Ebd.

ausgebildet werden. Besonders soziale Kompetenzen wie Toleranz und Gleichberechtigung oder Ich-Kompetenzen wie Selbstvertrauen und Individualität fördert Schule durch die Öffnung für lebenspraktische Bezüge. Norbert Rixius bemerkt daher treffend in seiner Ausführung zur Öffnung von Schule als vielversprechendes pädagogisches Konzept:

> *»Kinder und Jugendliche bringen Erfahrungen, Kenntnisse und Fähigkeiten ebenso wie ihre vorgeprägten Verhaltensorientierungen mit in die Schule. Indem schulisches Lernen sich darauf bezieht, gewinnt Unterricht an Nähe zur Lebenswelt.«* [285]

Indem die Arbeit fordert, Veranstaltungen anzubieten, bei denen Schüler_innen in Kontakt und Interaktion mit LSBTIQ*-Personen gelangen, trägt sie dazu bei, Schule lernendenzentrierter und lebenswirklicher zu gestalten. Begünstigt der Kontakt gewisse psychologische Prozesse - die in Kapitel 3 angesprochen wurden und im folgenden Kapitel konkret in Bezug auf LSBTIQ* diskutiert werden - stellt dieses Konzept darüber hinaus eine nachhaltige Initiative dar: die Reduktion negativer Einstellungen gegenüber marginalisierten Identitäten. Der Vorteil einer Etablierung von Kontakt im Schulkontext ist, dass die Schule aufgrund ihrer verpflichtenden Position alle Jugendlichen gleichsam erreicht. Je früher der Kontakt geschieht, umso aussichtsreicher sind zudem seine Effekte, da das Gehirn neue Erfahrungen in das schon bewährte Konzept einbaut.[286] Am bedeutsamsten aber ist, die Aufklärungsveranstaltungen in einer Zeit vorzunehmen, in der die Schüler_innen auf „der Suche nach der eigenen geschlechtsbezogenen Identität sind“[287]. Diese ist laut des *Ersten Gleichstellungsberichtes des Bundes* „zwischen 13 und 18 Jahren besonders intensiv“[288].

Indem die Schule für LSBTIQ*-Vertreter_innen geöffnet wird, erwirkt dies auch eine fächerübergreifende Thematisierung, die nicht mehr nur vom Fach Biologie wahrgenommen wird und neben Sach-Informationen u.a. auch emo-

---

285 Rixius: S. 77.

286 Vgl. Kiefer, Markus. Zitiert nach: Albrecht.

287 BMFSFJ (Hg.): Erster Gleichstellungsbericht - Neue Wege-Gleiche Chancen - Gleichstellung von Frauen und Männern im Lebensverlauf. 2. Auflage. Berlin 2012. S. 94. URL: http://www.bmfsfj.de/RedaktionBMFSFJ/Broschuerenstelle/Pdf-Anlagen/Erster-Gleichstellungsbericht-Neue-Wege-Gleiche-Chancen,property=pdf,bereich=bmfsfj,sprache=de,rwb=true.pdf. (Stand: 13.05.2014)

288 Ebd.

tionale und soziale Aspekte mit einschließt. Dies bewirkt einen Perspektivenwechsel weg von der bloßen Sexualaufklärung und Randgruppenproblematik hin zu einem alltagsrelevanten Aspekt menschlichen Zusammenlebens in einer demokratischen Gesellschaft.

Weiterhin bietet eine Öffnung von Schule die Chance, dass ebenso die Schüler_innen bereit sind sich zu öffnen. Während bei der Behandlung sensibler Themen „Leistungsdruck und Zensuren bewirken [...], dass die Lehrperson eher als Gegner und weniger als Vertrauensperson gesehen wird"[289], können externen Vertreter_innen ein anderes Verhältnis zu den Lernenden schaffen und dadurch eine vertrauensvollere Atmosphäre erzeugen. Zwar kann der verbindliche Klassenverband noch immer Gruppenzwänge bewirken, aber ist hier die Gefahr, dass die Lernenden sozial erwünscht antworten, geringer als in Anwesenheit einer Lehrkraft, deren Gunst sie möglicherweise zu erlangen hoffen. Relevant ist dieser Punkt vor allem dann, wenn eine Lehrperson marginalisierte Identitäten thematisiert, die selbst bekennend nicht-normativ lebt oder der dies unterstellt wird. Aufgrund der höheren Stellung der Lehrkraft kann es zu diesem interpersonalen Effekt kommen, die tatsächliche Haltung der Schüler_innen gegenüber dieser Thematik wird dann weniger deutlich. Ebenso kann die Lehrperson, wenn sie nicht genügend Rückhalt durch das Kollegium erhält, an Autorität einbüßen. Bei vorurteilsbehafteten Kindern und Jugendlichen sowie deren Eltern kann der unhaltbare Verdacht aufkommen, die Lehrkraft *werbe* für ihre persönliche Lebensweise oder wolle die Jugendlichen *verführen*. Äußern sich zudem Lehrpersonen gegenüber der Klasse homo- und/oder transphob, stehen Ansehen und Wertschätzung der betroffenen Lehrperson auf dem Spiel. Nicht selten wird, weil sich Lehrkräfte nicht kompetent genug empfinden, die Aufklärung ebenjenen Lehrpersonen überlassen, die jenes Thema mittelbar oder unmittelbar betrifft. Bei dieser gängigen Praxis an Schulen kann erstens nicht vorausgesetzt werden, dass die eben geschilderten Wirkungen ausbleiben und zweitens, dass an Schulen, die keine bekennende(n) LSBTIQ*-Lehrperson(en) aufweisen, das Thema angemessen in den Unterricht einfließt. Denn die Behandlung von LSBTIQ* gehört zu einem Bereich, der „vom eigenen Menschen- und Weltbild der Pädagog(inn)en und von den individuellen Schamgrenzen bestimmt"[290] wird.

---

289 Nespor, Milan: Methoden und Arbeitsformen der Sexualpädagogik. In: Schmidt, Berenike; Sielert, Uwe (Hg.): Handbuch Sexualpädagogik und sexuelle Bildung. Weinheim 2008. S. 659.

290 Ebd. S. 654.

Timmermanns schildert in seiner Evaluation schwul-lesbischer Aufklärungsprojekte (2003) die Grundhaltung von Lehrkräften gegenüber gleichgeschlechtlichen Lebensweisen. Zwar ließen diese Einstellungen erkennen, die „durchweg toleranter“[291] waren als die von Eltern, doch schlug man den gleichen Lehrer_innen vor, homo- und bisexuelle Vertreter_innen aus Aufklärungsprojekten für Informationsveranstaltungen in die Schule kommen zu lassen, war im Schnitt weniger als die Hälfte damit einverstanden.[292] Zwar kann es sich hierbei um die „Angst vor eventuellen Beschwerden oder Vetos seitens der Eltern“ handeln, die dazu führt, dass Pädagog_innen verunsichert sind, „was in der Schule durchführbar ist, ohne Verletzungen und Scham zu erzeugen.“[293] Allerdings zeigen mehrere Studien eine andere Erklärung auf.
Eine Umfrage im Auftrag des *Instituts für Schulentwicklungsforschung* von 2000 ergab, dass knapp die Hälfte aller Befragten dem Satz zustimmten: „Menschen, die homosexuell sind und sich offen dazu bekennen, gehören nicht in den Schuldienst.“[294] Oftmals ist ein Grund für die Ablehnung homosexueller Lehrkräfte die Befürchtung sexueller Übergriffe.[295]
Eine Umfrage Arne Müllers aus dem Jahre 2010 ergab außerdem, dass nur 24 Prozent aller befragten schwulen Lehrer (621) vor der Klasse geoutet sind, 34 Lehrer seien weder beruflich noch privat geoutet.[296] Die häufigsten Beschwerden, die dieselben Befragten nannten, waren „Schlaflosigkeit, Depressionen, Kopfschmerzen [...] Angststörungen und Suizidgedanken“[297], wobei die Hälfte von ihnen vermutete, „dass sie dies nicht hätten, wenn sie heterosexuell wären.“[298] Basierend auf diesen empirischen Ergebnissen ist abzuleiten, dass die Situation von nicht-heterosexuellen Lehrkräften an deutschen Schulen nichttragbar ist. Welchen Situationen und Gefahren trans* und intergeschlechtliche Lehrkräfte ausgesetzt sein dürften und welche leidvollen Erfah-

291 Timmermanns: S. 56.
292 54 Prozent aller Lehrerinnen und 41 Prozent aller Lehrer äußerten sich diesbezüglich positiv. (Vgl. Ebd.)
293 Nespor: S. 659.
294 Zitiert nach: Timmermanns: S. 57. Timmermanns zufolge sprachen sich 52 Prozent gegen den Satz aus. Jugendliche seien tendenziell toleranter, allerdings zeigten sie sich homophober als bei vorherigen Umfragen, etwa von Glück, Scholten und Strötges 1990. (Vgl. Ebd.)
295 Ebd. S. 58.
296 Vgl. GEW (2012b):. S. 55.
297 Ebd. S. 56.
298 Ebd.

rungen diese durchleben, lässt sich aufgrund der unzureichenden Datenlage nur erahnen.
Da nicht von einer toleranten Lehrerschaft gesprochen werden kann, die für die vorhandene Vielfalt sexueller und geschlechtlicher Lebensweisen auch nur ansatzweise sensibilisiert ist, bestehen zwei Problemvarianten: Erstens kann die empfundene Überforderung oder die Überzeugung, dass dieser „Schweinkram"[299] nicht in die Schule gehört, die Vermeidung des *heißen Eisens* bewirken. Damit würde die Mannigfaltigkeit der Lebensweisen den Schüler_innen vorenthalten und alternative Lebensentwürfe, die denen einiger Schüler_innen entsprechen können, verleugnet. Zweitens kann bei vorurteilsbehafteten Lehrkräften nicht vorausgesetzt werden, dass diese das Thema LSBTIQ* adäquat in den Unterricht einbinden, sondern Zerrbilder und Generalisierungen an die Lernenden weitergeben, die diese internalisieren und tradieren. Diskriminierungen würden hierdurch etabliert und reproduziert. Gruppenbezogen menschenfeindliche Lehrkräfte würden sich auch vor Informationsveranstaltungen durch externe Aufklärungs- und Bildungsinitiativen verwehren – und somit vor der einzigen Alternative, Schüler_innen Zugang zu Informationen vielfältiger sexueller und geschlechtlicher Lebensweisen zu verschaffen und Lehrer_innen bei der Materie nicht allein zu lassen.
Es besteht daher die Dringlichkeit, Lehrer_innen in Sachen LSBTIQ* fortzubilden. Die Nicht-Erwähnung sexueller und geschlechtlicher Vielfalt in der Aus- und Weiterbildung von Pädagog_innen begünstigt Diffamierungen unter Kolleg_innen, einen mangelhaften Umgang mit Heterogenität und damit eine unzureichende Umsetzung von Inklusion. Angesichts dessen ist der Gedanke der vorliegenden Arbeit, gesteuerte Kontaktgelegenheiten zwischen LSBTIQ*-Vertreter_innen und Lernenden herzustellen, auch auf die Lehrenden auszuweiten. Nur über diese direkte und erfolgversprechende Erfahrungsmöglichkeit besteht die Zuversicht, Bewusstsein für eine Pädagogik der Vielfalt in der Unterrichtspraxis zu schaffen.[300] Welche Bedingungen nun für einen optimalen Kontakt erfüllt sein müssen und welche konkreten psychologischen Prozesse beachtet werden müssen, thematisiert das folgende Kapitel.

299 Van Dijk, Lutz; Hansen, Georg: Sollen sich Lehrkräfte outen? In: Pädagogik 7-8/1999. S. 18. Zitiert nach Timmermanns. Keine Angst, die beißen nicht! 2003. S. 59.

300 Nespor macht darauf aufmerksam, dass Lehrkräfte „nicht zuletzt aus Zeitmangel" Arbeitsformen wie den Intergruppenkontakt ablehnen und eher Methoden bevorzugen, „die mit wenig Vorbereitung und organisatorischem Aufwand anzuwenden sind". (Nespor: S. 660.) Hier kann auf das Verhältnis von Kosten und Nutzen hingewiesen werden.

6 | Der Kontakt mit LSBTIQ* in Schulen

Die Theorie der sozialen Identität umfasst die Annahme, dass Menschen negativere Einstellungen gegenüber Gruppen entwickeln, mit denen sie sich nicht identifizieren, „um auf diesem Wege ihre an die [eigene (Anm. M. F.)] Gruppe gebundene Selbstwertschätzung zu stabilisieren oder zu erhöhen"[301]. Entgegen der natürlichen Neigung des Menschen zu Vorurteilen gegenüber anderen sozialen Gruppierungen oder Mitgliedern dieser Gruppen wirkt der Intergruppenkontakt. Diese Interventionsmaßnahme ist empirisch gut gestützt. Im Schulkontext wurde die Kontakthypothese u.a. durch Stephan (1999) in Form von heterogenen Kleingruppen umgesetzt, in denen die Mitglieder „ihre Aufgabe nur lösen können, wenn alle Kleingruppenmitglieder ihre spezifischen Kompetenzen einbringen"[302]. Diese Arbeitsform kooperativen Lernens wird nach Aronson (2002) als *Jigsaw-Klasse* bezeichnet. Diese Methode ist angesichts der denkbaren Unsichtbarkeit der LSBTIQ*-Jugendlichen nicht umsetzbar, während behinderte oder Menschen mit Migrationshintergrund bedingt salienter oder sichtbarer sind. Die Arbeit mit LSBTIQ*-Personen im Klassenverband würde ein Zwangsouting erfordern, um die Heterogenität nachweisbar machen zu können. Dies soll aber unter keinen Umständen angestrebt werden. Die Entscheidung, wann, wo und ob ein Outing stattfindet, bestimmt die betroffene Person selbst und darf nicht erzwungen werden; zu groß ist die Gefahr, die Person vor verbalen oder physischen Angriffen nicht schützen zu können. Daher sollen externe Vertreter_innen von LSBTIQ*-Aufklärungsprojekten die Rolle der in der Jigsaw-Klasse inkludierten Minorität übernehmen. Pettigrew und Tropp wiesen in ihrer Meta-Analyse (2006) darauf hin, dass diese Methode des Intergruppenkontaktes auf unterschiedlichste Kontexte angewandt werden kann - in und außerhalb der Schule: In Form von Austausch- und Begegnungsprogrammen für die Jugendarbeit, als Maßnahmen zur Erwachsenenbildung, zur Versöhnung von gegnerischen Parteien nach Kriegen und anderen Auseinandersetzungen sowie für die Reduktion von Vorurteilen gegenüber häufig stigmatisierten Personengruppen wie Behinderten, ethnischen Minderheiten, Andersgläubigen, älteren Menschen oder eben

301 Farhan und Wagner: S. 277.
302 Ebd.

LSBTIQ*.[303] Um zu garantieren, dass die von Pettigrew formulierten Effekte und Prozesse optimal zur Geltung kommen, werden nun Vorschläge für die Umsetzung der Ausgangsbedingungen nach Allport unterbreitet und didaktische Überlegungen zu geeigneten Methoden innerhalb des Intergruppenkontaktes formuliert. Anschließend werden die Grenzen des Kontaktes aufgezeigt, die sich aus der affektiven Komponente der negativen Einstellungen herleitet. Menschen neigen dazu, auf ihren Standpunkten zu beharren - das gelingt ihnen auf verschiedene Art und Weise, wie noch gezeigt werden wird.

6.1 Didaktisch-methodische Überlegungen

6.1.1 Ausgangsbedingungen für einen erfolgreichen Kontakt

Die von Allport aufgestellten Bedingungen optimalen Kontaktes zielen darauf, eine Konkurrenzsituation zwischen den beteiligten Gruppen[304] zu vermeiden und eine Teamwork-Situation zu etablieren, in der sich die Mitglieder beider Gruppen in gegenseitiger Abhängigkeit befinden. Diese Interdependenzsituation wird durch eine gemeinsame Zielsetzung hervorgerufen und fördert das gegenseitige Kennenlernen.

6.1.1.1 Ein gemeinsames, übergeordnetes Ziel

Das angestrebte Ziel muss von allen Mitgliedern akzeptiert und zu Beginn des Kontaktes formuliert werden. Dabei kann das Ziel sowohl abstrakt sein (bspw. indem einhellig zugestimmt wird, dass die Kontaktsituation dazu dient, die Vielfalt an unterschiedlichen Lebensweisen kennen zu lernen und etwaige falsche Vorstellungen, die von den Medien oder dem näheren Umkreis geprägt wurden, durch eigene Erfahrungen zu ersetzen) oder kann konkreter formuliert werden (bspw. indem sich geeinigt wird, dass eine Projektarbeit, etwa ein Schulplakat gegen homo- und transphobes Mobbing, das Ergebnis

303 Vgl. Farhan und Wagner: S. 277.

304 In den folgenden Ausführungen wird v.a. auf die Begegnung von LSBTIQ*-Vertreter_innen mit Lernenden eingegangen, da ihr Status und ihre Identitätsentwicklung sich von denen der Lehrkräfte unterscheidet. Nichtsdestotrotz können die didaktischen Überlegungen ebenso auf die Kontaktsituation zwischen Lehr- und LSBTIQ*-Personen, etwa im Rahmen einer Weiterbildung, angewendet werden.

sein soll). Wünschenswert ist, dass nicht die Übermittlung von unzähligen Sachinformationen und die Durchsetzung politischer Ziele der externen Expert_innen im Mittelpunkt stehen, sondern die Zielgruppenorientierung. Schließlich soll der Kontakt eine Unterstützung bei der Suche nach der eigenen geschlechtlichen Identität und sexuellen Orientierung sein, den eigenen Standpunkt zu bestimmten Lebensentwürfen klar machen und den Jugendlichen die von der Schule vielfach ausgeblendete mannigfaltige Realität durch direkte Erfahrungen näher bringen.
Wenn die Lernenden in den Ablauf der Veranstaltung eingebunden werden, u.a. indem sie Diskussionsregeln und den Verlauf der Veranstaltung mit entscheiden und die Beantwortung ihrer Fragen im Zentrum steht, dann gewinnen die externen Vertreter_innen an Akzeptanz und Glaubwürdigkeit und die Schüler_innen können positive Emotionen (Wohlgefühl, Neugier etc.) entwickeln, die die Reduktion negativer Einstellungen verstärken. Erst die lernendenzentrierte Arbeitsweise entkrampft die Atmosphäre und entgeht der Gefahr, den Kontakt als Werbeveranstaltung oder ideologische Unterrichtung wahrzunehmen. Dennoch kann nicht ausgeschlossen werden, dass sich Lernende sozial erwünscht verhalten, nur weil sie sich im Rahmen des Schulkontextes ihres Status und damit den Erwartungen, die von Seiten der Schule an sie gestellt werden (Disziplin, Toleranz, aktive Beteiligung), bewusst sind. Das schafft nur oberflächliche Toleranz, die in Kapitel 5.3 kritisiert wurde. Daher ist eine empfundene Statusgleichheit zwischen den Mitgliedern von Nöten.

6.1.1.2 Die Statusgleichheit zwischen den Gruppen

Intergruppenkontakt lebt von der aktiven Beteiligung der Mitglieder und der gegenseitigen Interaktion und Diskussion. Dies empfiehlt sich innerhalb gemeinsam im Vorhinein festgelegter Regeln. Indem die Schüler_innen an der Konstituierung der Regeln beteiligt sind, erleben sie demokratische Partizipation am Geschehen und erkennen, „dass vorherrschende Regeln immer von Menschen gemacht sind“[305]. Durch die gemeinschaftliche Gestaltung und den freiwilligen Rahmen der Veranstaltung wird eine Statusgleichheit impliziert: Alle sind freiwillig hier, können sich an den Diskussionen beteiligen und müssen sich nicht äußern, wenn sie es nicht wollen. Auch die passive Teilnahme kann einen Wissenszuwachs und damit die Reflexion der eigenen Sexualität

305 Karawanskij et al.: S. 142.

und Einstellungen mit sich bringen. Die Statusgleichheit wird dadurch verstärkt, dass die Interaktion frei von Förmlichkeiten bleibt, die die Distinktheit der Gruppen vergrößern – etwa das Siezen der Teamer_innen oder das Auffordern der Lernenden zur Beteiligung an der Interaktion.

Die Lernenden entwickeln bereits vor dem eigentlichen Kontakt Vorstellungen über den Status der LSBTIQ*-Vertreter_innen und orientieren sich unterbewusst an den Bewertungen der sozialen Gruppe durch Lehrpersonen, Eltern, Peers und anderen Mitmenschen. Hinderlich ist es daher, die Veranstaltung in der Schule als Minderheitenproblematik oder Randgruppenerscheinung anzukündigen. Dies führt zur Hierarchisierung durch die Differenzierung von *normal* und *anders* bzw. *Mehrheit* und *Minderheit*. Nur die gleichberechtigte Betrachtung von LSBTIQ* führt zu einem Bewusstsein des Nebeneinanders verschiedenartiger Lebensentwürfe. Das macht deutlich, dass, nur wenn auch die Lehrkräfte für eine normenkritische, emanzipatorische Pädagogik sensibilisiert sind, auch bei Schüler_innen ein Bewusstsein für die egalitäre Differenzierung von sozialen Gruppen entsteht. Lebensweisenpädagogik, deren antidiskriminierender Ansatz darin besteht, „unterschiedlichen Lebensformen gleiches Existenzrecht zuzusprechen“[306], muss allumfassend Gültigkeit in Schulen haben. Nur die Egalität von sozialen Gruppen schafft ein Demokratieverständnis in der Schule und wirkt negativen Einstellungen entgegen. Ebenso liegt es an den Lehrkräften, im Vorfeld Interesse für die Begegnung mit LSBTIQ* zu wecken und damit zu gewährleisten, dass die Lernenden freiwillig an der Veranstaltung teilnehmen und sich nicht gezwungen fühlen, dem Willen der Lehrkraft entsprechen zu müssen. Eine Intergruppen-Kooperation würde sonst behindert.

6.1.1.3 Die Kooperation zwischen den Gruppen

„Gruppen in einem Raum zusammenzubringen, in dem sie getrennt bleiben können, wird ihr Verständnis füreinander und ihr Wissen übereinander nicht sonderlich fördern.“[307] Daher ist es wichtig, dass der Kontakt in einer kooperierenden Art und Weise stattfindet, bei der die Gruppen nur in Abhängigkeit voneinander das angestrebte Ziel erreichen können. Dabei ist die Freiwilligkeit der Teilnahme an der Kontaktsituation essentiell für die Entwicklung von

306 Timmermanns: S. 42.
307 Akert et al.: S. 455.

Motivation und positiver Emotionen. Diese bedingen die kognitiven Prozesse ungemein. Die Kooperation zwischen den Gruppen kann ebenso durch die Abwesenheit der Lehrerkraft beeinflusst werden. Die Lehrinstanz kann das Gefühl der Kontrolle und Reglementierung auslösen und die Mitarbeit aus freien Stücken durch soziale Erwünschtheit ersetzen. Ebenso kann das Aufsprengen des Klassenverbandes (als zwingende Gemeinschaft mit Cliquenbildungen und Gruppenzwängen) die Offenheit der Schüler_innen erhöhen. In kleineren Arbeitsgruppen trauen sich Kinder und Jugendliche mit geringem Selbstbewusstsein oder einem geringen Status innerhalb der Klasse womöglich eher, an der Diskussion teilzunehmen und den eigenen Standpunkt zu vertreten.

Die Zusammenarbeit wird nicht zuletzt auch dadurch begünstigt, dass die Meinungen der Lernenden, mögen sie auch vorurteilsbehaftet oder diskriminierend sein, nicht abgewertet werden. Die Lernbereitschaft und das Wohlwollen der Lernenden würde dadurch beeinträchtig. Die Auseinandersetzung mit einer unreflektierten Äußerung kann nur in der Diskussion mit anderen Peers oder im Rahmen von Erklärungsansätzen zur Entstehung von Stereotypen und Vorurteilen erfolgen. Mit diesem Wissen ist die Chance hoch, dass anschließend die Haltung noch einmal überdacht wird.

6.1.1.4 Die Unterstützung durch Autoritäten bzw. Institutionen

Die Schule dient als institutioneller Rahmen für die Realisierbarkeit von Kontakt. Indem eine Öffnung von Schule die Etablierung regelmäßigen Kontaktes als pädagogische Arbeitsform bewirkt, wird sie bei den Lernenden als selbstverständliche Methode angesehen und legitimiert. Die Regeln und Rituale, die in der Schule gelten, dienen dann als Handlungsrahmen für alle Beteiligten. Durch die Ermöglichung von Kontakt mit LSBTIQ* sprechen sich Schulen außerdem offen gegen Homo- und Transphobie aus und beeinflussen so die Haltung der Schüler_innen, die sich mehrheitlich den institutionellen Einstellungen anpassen.[308]

Unterstützend kann die Schule dann sein, wenn die pädagogischen Ansätze und Überzeugungen mit denen der externen Vertreter_innen übereinstimmen. Wird also ganz selbstverständlich gendersensibel unterrichtet und normenkritisch gearbeitet, steigt die Glaubwürdigkeit und Akzeptanz der Teamer_innen.

308 Der kognitive Prozess der normativen Konformität wird in Kapitel 6.2 noch einmal besprochen.

Indem Lebensentwürfe, die von der Heteronormativität und Zwei-Geschlechter-Auffassung abweichen, thematisiert werden, kann auch die Vorurteilsreduktion in Kontaktsituationen erfolgreicher verlaufen, da das schulische Faktenwissen durch direkte Erlebnisse greifbar und authentisch wird, wodurch Ängste oder Verunsicherungen schneller abgebaut werden.
Doch solange die Medizin und der Gesetzgeber noch immer LSBTIQ*-Personen strukturell diskriminiert (etwa durch die Verweigerung der gemeinsamen Adoption für homosexuelle Lebensgemeinschaften, den inferiorisierenden Status des Transsexuellengesetzes oder die Pathologisierung von intergeschlechtlichen und transidenten Menschen), haben die Lernenden Bilder im Kopf, die einer hierarchischen Unterteilung entspringen und daher LSBTIQ* als nicht gleichwertig ansehen. Solange orientierungsstiftende Elemente wie der Gesetzgeber oder die Medien Verzerrungen und Generalisierungen von LSBTIQ* generieren, bleibt in den Köpfen der Masse ein stereotypes Bild dieser sozialen Gruppierung. Dieses kann verstärkt negative Emotionen und die Verweigerung von Kontakt mit diesen Personengruppen hervorrufen.

6.1.2 Die Steuerung der einstellungsverändernden Prozesse

Pettigrew ging der Frage nach, welche messbaren Mechanismen Einstellungsänderungen hervorrufen können, und formulierte diese als Ergänzung zu Allports Ausgangsbedingungen. Demzufolge bedingen das Kennenlernen und der Umgang mit der Fremdgruppe sowie Emotionen und eine Neubewertung der Eigen- und Fremdgruppe die Reduktion negativer Einstellungen. Um den Intergruppenkontakt zu optimieren, muss verstanden werden, wie diese Prozesse gesteuert werden können. Ausgewählte Strategien und Methoden werden daher an dieser Stelle vorgestellt.

6.1.2.1 Der Erwerb von Wissen

Um eine lernendenzentrierte Bildungsarbeit zu erreichen, ist es von Nutzen, etablierte Vorbehalte gegenüber LSBTIQ* in Erfahrung zu bringen und zu diskutieren. Dabei muss beachtet werden, dass genügend Zeit zur Verfügung steht, um sämtliche genannte Generalisierungen und Klischees auch sorgfältig analysieren zu können. Denn die Gefahr besteht, „dass bereits existierende

Vorurteile und Stereotype unabsichtlich und unbemerkt aktiviert und reproduziert werden."[309] Wenn Vorurteile unreflektiert bleiben, kann das Unhinterfragte rasch normalisiert und in das vorhandene Konzept der Schüler_innen etabliert werden.

Dass es Einigkeit innerhalb des Aufklärungsprojektes darüber geben muss, welche Informationen an die Schüler_innen herangetragen und welche Ziele anvisiert werden sollen, versteht sich von selbst. Weniger selbstverständlich ist dagegen, dass alle Vertreter_innen wissen, unter welchen didaktisch-methodischen wie pädagogisch-psychologischen Gesichtspunkten die Auswahl der Informationen erfolgt und welche spezifischen Lebensumstände die einzelnen sexuellen und geschlechtlichen Identitäten im Genauen aufweisen. Dieser Punkt soll weniger Kritik an den Vertreter_innen als eher am Ehrenamt sein - und damit ein Argument dafür, dass eine optimale Etablierung von Kontakt mithilfe von LSBTIQ*-Initiativen das Hauptamt zur Folge haben muss, um die Professionalisierung der Teamer_innen zu gewährleisten.

Die Arbeit stellte in Kapitel 3 detailreich die Lebenssituation der marginalisierten sexuellen und geschlechtlichen Identitäten dar. Diese Ausführungen dienten nicht nur dazu, die eigentliche Heterogenität innerhalb der Gruppen zu verdeutlichen und die rechtliche wie gesellschaftliche Lage der nicht-normativen Lebensweisen herauszustellen. Detailreiche Kenntnisse über spezifische und tatsächliche Lebenssituationen und rechtliche Ungleichbehandlungen können dazu beitragen, gängigen Vorannahmen und Pauschalisierungen mit Faktenargumenten zu entgegnen. Es bietet sich daher an, aus den in Kapitel 3 geschilderten Informationen einen Standardkatalog abzuleiten, der ausführt, welche Aspekte in Kontaktveranstaltungen im Mindesten angesprochen werden müssen. Folgende elementare Punkte sollten also zur Sprache kommen, da sie eine zentrale Rolle für den Erwerb neuer und gängigen Klischees widersprechender Informationen über LSBTIQ* und damit für den Abbau von Vorurteilen haben:

309 Karawanskij et al.: S. 145.

(1) Differenztheoretische Betrachtungen von Geschlecht als sicherheitsstiftende und pauschalisierende Vorstellungen, die in starren Rollenbildern münden, sollten hinterfragt werden, da diese dazu führen können, dass hinter LSBTIQ* „eine Krankheit oder Fehlentwicklung vermutet"[310] wird. LSBTIQ* soll in die Alltagserfahrung der Lernenden übergehen, doch nicht unter dem Diktum *des Anderen*, sondern unter dem Ansatz egalitärer und chancenreicher Vielfalt.

(2) Die Unterscheidung von Geschlecht (der morphologischen Erscheinung), Geschlechtsidentität (dem Geschlechtsempfinden) und sexueller Orientierung (dem Begehren) muss vorgenommen werden. Die Vermischung von Transidentität und Homosexualität kann im Zuge dessen problematisiert werden: Das psychische Geschlecht determiniert nicht das Begehren eines Menschen – Trans*-Menschen sind also nicht zwingend homosexuell.

(3) Ebenso ist wichtig zu erklären, dass die Grenzen zwischen den sexuellen Orientierungen nicht absolut sind, sondern ineinander verschwimmen; dass Homosexuelle also nicht ausschließlich homosexuell, Heterosexuelle nicht unbedingt nur heterosexuell begehren müssen. Die Erwähnung der möglichen Wandelbarkeit des Begehrensspektrums verdeutlicht zudem die Fluidität der menschlichen Identität und weicht die Vorstellung monosexueller Exklusivrechte auf. Die Label LSBTIQ* sollen zudem als Identifikations-Angebote begriffen werden.

(4) Das Bild von Trans* sollte differenziert werden durch die Vorstellung ausgewählter Trans*-Konzepte. Ein transidenter Mensch ist eben kein übertrieben oder schrill auftretender Paradiesvogel, der zur Belustigung oder Unterhaltung Geschlechterrollen persifliert, sondern eine ernst zu nehmende Identität, die darunter leidet, wenn ihr die Zugehörigkeit zu ihrem psychischen Geschlecht abgestritten wird.

(5) Die Existenz intergeschlechtlicher Menschen soll erfahrbar werden unter dem Gesichtspunkt, dass diese kein vermeintliches Defizit in der Geschlechtsentwicklung aufweisen, sondern eine natürliche Variation darstellen, deren Grenzerfahrungen (die gesellschaftliche Nicht-Wahrnehmung, medizinische Geschlechtszuweisungen u.a.) für Leid und Traumata verantwortlich sein können. Die Intergeschlechtlichkeit einer Person verrät zudem noch nichts über deren Geschlechtsidentität, weshalb geschlechts-

310 Timmermanns: S. 109.

zuweisende oder -vereindeutigende Operationen zu unterlassen sind, solange die betreffende Person noch keine Aussagen zu ihrem psychischen Geschlecht tätigen kann.

(6) Die unterschiedlichen Elemente und Aspekte der menschlichen Sexualität sollen vermittelt werden. Zum einen bedeutet Geschlechtsverkehr nicht nur die Penetration der Frau durch den Mann - bei dieser phallogozentrischen Sichtweise besteht die Gefahr, dass die Frau objektiviert, ihre Sexualität unterminiert und die lesbische Liebe nicht ernst genommen wird. Zum zweiten dient Sex nicht allein der Reproduktion, sondern hat daneben kommunikativen, identitätsstiftenden und lustgewinnenden Charakter.[311] Der vermeintlichen Widernatürlichkeit oder Eigennützigkeit gleichgeschlechtlicher Sexualität kann dadurch entgegnet werden.

(7) Das Motiv der Angst vor und die Unkenntnis über LSBTIQ* sollten angesprochen werden. Aus der Annahme heraus, dass Sex für Homo-, Bi- und Multisexuelle am wichtigsten sei und diese keine Berührungsängste kennen, lehnen es vor allem Männer ab, mit Homosexuellen in Kontakt zu treten und zu interagieren. Die Rolle der Medien (z.B. die gewinnerzielende Darstellung von skurrilen Persönlichkeiten, einseitige oder verzerrende Berichterstattungen) soll Erwähnung finden. Weiterhin soll die Angst vor Berührungen mit dem Thema LSBTIQ* dadurch abgebaut werden, indem deutlich wird, dass Geschlechtsidentitäten und sexuelle Orientierungen weder ansteckend noch durch Indoktrination zu erlangen sind, also weder eine Krankheit oder Behinderung, noch das Ergebnis einer bestimmten Erziehung oder Ideologie darstellen.

Je mehr neue Informationen den eigenen Vorbehalten gegenüber Mitgliedern der Personengruppen LSBTIQ* widersprechen und je umfangreicher diese Informationen sind, umso schneller führt das neue Wissen zur Einstellungsänderung.[312]

6.1.2.2 Verhaltensänderungen

Die Verhaltensänderung setzt eine Statusgleichheit zwischen den Gruppen voraus, denn weist diese Diskrepanzen auf, „wird ihre Interaktion von diesem

311 Funktionen und Aspekte der Sexualität nach Andrea Hilgers - siehe BZgA (2004): S. 23.

312 Das belegen u.a. Stephan und Stephan (2005). Vgl. Stürmer: S. 286.

Statusunterschied geprägt sein"[313]. Das kooperative Verhalten der Lernenden und die Akzeptanz der Fremdgruppe würden dadurch beeinträchtigt. Glückt die interdependente Kooperation (siehe Kapitel 6.1.3), so kann sich eine Dissonanz zwischen der eigentlichen Einstellung und dem gezeigten Verhalten ergeben. Beispielsweise kann es sein, dass ein_e Schüler_in, motiviert durch soziale Erwünschtheit oder Gruppendynamik, mit einem Transmann in einer Kleingruppe zusammenarbeitet, obwohl jene_r negative Einstellungen gegenüber trans* Menschen aufweist. Weiter kann es sein, dass sich eben jene_r Schüler_in mit dem Vertreter gut versteht, diesen für sympathisch befindet und daran interessiert ist, was er zu sagen hat. Die Akzeptanz und Sympathie gegenüber LSBTIQ* im Zuge der Kontaktsituation kann folglich dazu führen, dass Schüler_innen ihre Einstellungen revidieren. Dies macht sich allerdings erst nach einer gewissen Dauer und Häufigkeit der Kontaktsituation bemerkbar und kann auch erst im Anschluss der Kontaktsituation stattfinden, denn „Einstellungsänderungen geschehen immer langsam und meist erst im nachfolgenden Reflexionsprozess."[314]

Aronson et al. weisen darauf hin, dass der Mensch in einer zwanglosen Interaktion eher zu überprüfen bereit ist, ob seine Einstellungen gegenüber einer Gruppe richtig oder falsch sind. Deutlicher und eher äußert sich dieser Effekt, wenn man nicht nur einer Person, sondern mehreren Vertreter_innen einer sozialen Gruppe begegnet, die den vorherigen Vorbehalten widersprechen. Wenn sich diese außerdem hinsichtlich der ihnen zugeschriebenen Klischees untypisch verhalten und dennoch als Repräsentant_innen der jeweiligen sozialen Gruppe gelten, wird der Effekt der Vorurteilsreduktion verstärkt.[315] Je inkonsistenter also das Auftreten und die Erscheinung der Vertreter_innen bezüglich der etablierten Stereotype sind, umso erfolgversprechender ist die Zersetzung der Stereotype und - in Folge dessen - auch der negativen Einstellungen.

Eine zwanglose Interaktion beruht zwar auf dem Prinzip der Freiwilligkeit und damit auf dem Recht, eben auch die Interaktion verweigern zu können, allerdings führt die Vermeidung der Interdependenz möglicherweise zu keiner Einstellungsänderung. Dies ist aus pädagogischer Sicht nicht erstrebenswert. Um die Wahrscheinlichkeit der Bereitschaft zu erhöhen, sich auf die

313 Akert et al.: S. 454.
314 Karawanskij et al.: S. 145.
315 Vgl. Akert et al.: S. 455.

Interaktion mit LSBTIQ*-Vertreter_innen einzulassen, werden daher basierend auf dem *Yale-Ansatz* zur Einstellungsänderung Möglichkeiten aufgezeigt, welche Kriterien die externen Teamer_innen für die Wahrscheinlichkeit der Reduktion von negativen Einstellungen selbst erfüllen müssen.

Glaubwürdigkeit ist demnach ein wichtiges Prädikat.[316] Schüler_innen werden lieber mit Menschen kommunizieren, die sie für überzeugend und authentisch halten. Dass sich die Vertreter_innen intensiv mit der Lebenssituation von LSBTIQ* auseinandergesetzt haben, gebietet sich daher. Authentizität wird ebenso durch ein selbstbewusstes, überzeugendes Auftreten und durch die Offenheit eigene Erfahrungen zu schildern und Fragen persönlich zu beantworten gewonnen.

Weiterhin wird „aufgrund der äußeren Erscheinung oder der persönlichen Eigenschaften"[317] der Vertreter_innen der Effekt der Einstellungsänderung positiv oder negativ verstärkt. Weist eine Person beispielsweise eine hohe Salienz auf, etwa durch ein besonders übertriebenes und aufgesetztes oder sehr in sich gekehrtes und ängstliches Verhalten, kann an die Person Glaubwürdigkeit einbüßen. Entspricht das Verhalten oder Aussehen zudem mehreren negativen Stereotypen, die der sozialen Gruppe ebenjener Person zugeordnet werden, kann dies die Vorurteile aufrecht erhalten oder gar verfestigen. Extreme - wie ein besonders ungepflegtes oder affektiertes Auftreten, laszives oder überhebliches Benehmen - verhindern die Akzeptanz der Fremdgruppe, da saliente Merkmale der Person auf die Fremdgruppe übertragen werden können. Positivere Einstellungen und verhaltensverändernde Prozesse gegenüber der Fremdgruppe können so nicht entwickelt werden. Die externen Vertreter_innen müssen sich daher als *role model* verstehen. Vorteilhaft ist es außerdem, auf die Vielfalt im Team zu achten, die fälschliche Pauschalisierungen verhindert.

316 Vgl. Akert et al.: S. 201.

317 Ebd.

6.1.2.3 Der Aufbau affektiver Bindungen

»Weil Vorurteile auf dem sehr effektiven emotionalen Lernen beruhen, bekämpft man sie am besten durch positive Emotionen. Die löst man nicht durch gut gemeinte Wortpädagogik aus, sondern durch Erlebnisse und Erfahrungen, die nach und nach die alten Bilder durch neue ersetzen. « [318]

Rationale Argumente können zwar helfen, um eine Meinung oder Aussage als Vorurteil zu entlarven, aber Wortgewandtheit allein genügt nicht, um negative Einstellungen effektiv zu reduzieren. Vorurteile sind hartnäckig und stabil und „beruhen auf Bildern, die wiederum eine selektive Wahrnehmung, entsprechende Erfahrungen und damit neue Bilder und negative Emotionen generieren."[319] Häufiger und längerer Kontakt zwischen Gruppen kann zum Abbau negativer Emotionen und zur Steigerung positiver Emotionen führen. Dies ist allerdings im Schulkontext kaum zu realisieren. Selbst wenn sich der Kontakt mit LSBTIQ* als gängige didaktische Methode der Lebensformenpädagogik etablierte, so könnten die externen Vertreter_innen eine längere und wiederholte Begegnung mit allen Klassen und Schulen nicht gewährleisten. Wiederholte Angebote könnten lediglich in Form von Projekttagen, fachübergreifenden Arbeitsformen oder freiwilligen außerschulischen Begegnungen zustande kommen. Es wird daher angestrebt, in möglichst kurzer Zeit Sympathie und Vertrauen herzustellen und gleichzeitig Ängste und Unsicherheiten zu beseitigen.

Hans-Peter Ehmke weist darauf hin, dass eine Zusammenarbeit innerhalb des Intergruppenkontaktes am ehesten gelinge, wenn die Schüler_innen mit „Menschen und Inhalten" konfrontiert werden, „mit denen sich junge Leute identifizieren könnten"[320]. Einer gemeinsamen Sprache kommt hierbei eine wesentliche Bedeutung zu. Daher ist der Ansatz der *Peer Education* für Intergruppenkontakte zu erwägen. Diese didaktische Überlegung meint „das Leh-

---

318 Grau, Alexander: Sprache, Denken, Emotionen. In: TV Diskurs 45 (3/2008). S. 21. URL: http://fsf.de/data/hefte/ausgabe/45/grau016_tvd45.pdf. (Stand: 03.07.2012)

319 Ebd.

320 Timmermanns: S. 81.

ren oder Teilen von Informationen, Werten und Verhaltensweisen [...] durch Mitglieder [annähernd (Anm. M. F.)] gleicher Alters- oder Statusgruppen."[321] Peer-Education-Ansätze sind nicht neu und werden bereits in Aufklärungs- oder Informationsveranstaltungen im Rahmen der Jugendarbeit eingesetzt (beispielsweise von der AIDS-Hilfe), was sich darauf zurückführen lässt, dass Expert_innen erwarten, durch dieses Konzept „die Einstellungen und das Verhalten der Zielgruppe beeinflussen zu können."[322] Peer Education kann so die Effekte des Kontaktes positiv verstärken.[323]

Pettigrew u.a. postulierte, dass die Bildung von Intergruppenfreundschaften eine wichtige Voraussetzung für die Entwicklung positiver Bindungen ist. Dadurch würden Empathie und Zutrauen gestärkt und negative Einstellungen abgebaut werden.[324] Diese Forderungen können Aufklärungsprojekte in schulischen Kontaktsituationen im Allgemeinen nicht erfüllen. Allerdings konnte weiterhin nachgewiesen werden, dass es bereits möglich ist, negative Einstellungen dadurch zu reduzieren, wenn bekannt ist, dass Mitglieder der Intergruppen-Kontaktsituation mit LSBTIQ* befreundet sind.[325] Die Teamer_innen können dies erwirken, indem sie einerseits intergruppale Freundschaften und Bekanntschaften der Schüler_innen erfragen und diese dadurch sichtbar machen - nicht geouteten Jugendlichen kann so eventuell aufgezeigt werden, dass Mitschüler_innen aufgrund ihres freizeitlichen Kontaktes mit LSBTIQ*-Personen mutmaßlich weniger negative Einstellungen gegenüber diesen besitzen und deshalb - etwa im Falle eines geplanten Coming-Outs - geeignete Vertrauenspersonen darstellen können. Andererseits können intergruppale Freundschaften ebenso sichtbar werden, indem Teamer_innen, die sich nicht-normativ identifizieren, bei Schulbesuchen von heterosexuellen, cisgeschlecht-

---

321 Backes, Herbert: Peer Education. In: BZgA (Hg.): Leitbegriffe der Gesundheitsförderung. Glossar zu Konzepten, Strategien und Methoden in der Gesundheitsförderung. 4. erweiterte und überarbeitete Auflage. Schwabenheim an der Selz 2003. S. 176.

322 Backes: S. 176.

323 Kirchler wies u.a. 1992 bereits nach, dass Peers für die Entwicklung von Jugendlichen eine ebenso große Bedeutung besitzen wie das Elternhaus. Beide leisten soziale und emotionale Unterstützung. Vgl. Nörber, Martin (Hg.): Peer-Education: Bildung und Erziehung von Gleichaltrigen durch Gleichaltrige. Weinheim 2003. S. 11. Nörber hierzu: „Die Bedeutung und der Einfluss der Peer-Group auf und für Jugendliche wurde und wird immer wieder festgestellt und ist durch empirische Studien belegt. Insofern bedeutet Peer-Education den Aufbau eines Angebotes gegenseitiger Unterstützung und Hilfe - aber auch Beeinflussung und Anpassung - durch Gleichaltrige."

324 Vgl. Stürmer: S. 286.

325 Wright, Aron, McLaughlin-Volpe, Ropp wiesen den *erweiterten Kontakteffekt* 1997 nach. (Ebd.)

lichen Teamer_innen begleitet werden. Diese Heterogenität unter den Teamer_innen kann nicht nur intergruppale Freundschaften sichtbar machen, sie kann auch aufzeigen, dass sich Auftreten, Verhalten und Lebensart zwischen den Identitäten nicht auffallend unterscheiden müssen, wie häufig suggeriert.

6.1.2.4 Die Neubewertung der Eigengruppe

Durch intergruppalen Kontakt lernen Menschen Neues über die Eigengruppe. Indem den Lernenden die vielfältigen sexuellen und geschlechtlichen Lebensweisen erfahrbar gemacht, die Gefahr von Geschlechterrollenzuweisungen, das Kontinuum der Geschlechter, Geschlechtsidentitäten und sexuellen Orientierungen und damit eine dynamische Identitätsvorstellung vermittelt werden, erwerben die Schüler_innen im Idealfall eine Wahrnehmungskompetenz, die die Fremd- von der Eigengruppe weniger unterscheidbar, weniger salient macht als zuvor. Durch die unmittelbare Begegnung mit LSBTIQ* kann gezeigt werden, dass sich alle Beteiligten nicht ungemein voneinander unterscheiden und gleichzeitig niemals identisch sind, sondern alle eine Eigenart aufweisen, die sie zu etwas Besonderem macht, ganz gleich ob es eine Gabe, ein Hobby, die Frisur oder die Kleidung ist. Was *normal* ist, so soll den Schüler_innen ersichtlich werden, muss jede_r für sich beantworten.

Indem die Vertreter_innen darauf eingehen, dass alle Menschen, auch sie selbst, stereotype Bilder im Kopf haben, wirken sie authentischer und weniger kritisierend. Es kann hilfreich sein, die allgegenwärtige Wirkmächtigkeit von Vorurteilen zu thematisieren und im gleichen Atemzug zu betonen, „dass die kritische Selbstreflexion und Veränderung der eigenen Meinung lebenslang möglich ist und eine persönlich sehr positive und wichtige Erfahrung sein kann.“[326]

Ebenso ist es wichtig, die Entstehungsfaktoren negativer Einstellungen zu thematisieren, um zu zeigen, dass Stereotype, Vorurteile und Normalitätsvorstellungen eben nicht wahllos und pauschal, sondern durch bestimmte Formen der Interaktion mit der Umwelt entstehen. Kognitionspsychologe Markus Kiefer äußert sich diesbezüglich wie folgt:

326 Karawanskij et al.: S. 146.

»Die Erfahrung, die wir machen, spiegelt letztendlich unsere mehr oder minder erfolgreiche Interaktion mit der Welt wider. Je erfolgreicher wir in dieser Hinsicht sind, desto besser und zutreffender ist eben auch das Wissen, das wir uns über die Welt angeeignet haben.« [327]

Gerecht werden können die Teamer_innen der Thematik dabei nur, wenn sie die affektiven Komponenten negativer Einstellungen ansprechen, etwa dass diese aus Angst und Verunsicherung resultieren können, die Menschen entwickeln, weil klare Strukturen und Ordnungssysteme, an denen sie sich orientieren (etwa eine klare *gender role*), obsolet werden. Diversität und Pluralisierung können dann als etwas Destruktives empfunden werden. Die Ängste werden auf bestimmte soziale Gruppen projiziert, die sich vermeintlich nonkonformistisch verhalten und dadurch Verwirrung stiften. Durch derlei Erklärungsansätze für diskriminierendes Verhalten wird deutlich, dass „die gegen den Vertreter einer anderen Denkrichtung oder einer alternativen Lebensform gerichtete Aggression keine Lösung ist."[328] Nur so kann geschlussfolgert werden, dass „sich ein innerer Konflikt", so Rauchfleisch, auf keinen Fall „durch Aktionen in der Außenwelt bewältigen"[329] lässt. Das Wissen um die Mechanismen von Vorurteilen und Diskriminierungen fördert die Ausbildung sozialer Kompetenzen durch die Reflexion eigener Ängste und bedeutet einen „wichtigen Schritt in Richtung eines verantwortungsbewussten und diskriminierungsfreien Umgangs mit gesellschaftlichen Widersprüchen."[330]

6.1.3 Methoden zur Optimierung von Kontakt

Ganz gleich welche Methoden während des Intergruppenkontaktes genutzt und welche Vorurteile besprochen werden - es ist wichtig, eine Vorstellung davon zu haben, welche Ziele in der Kontaktsituation anvisiert werden sollen, denn Methoden und Arbeitsformen stehen niemals für sich allein, sondern dienen immer einer expliziten Zielvorstellung. Diese kann zu unterschiedlichen Zeitpunkten des Intergruppenkontaktes variieren. Pettigrew beschrieb

327 Kiefer, Markus. Zitiert nach: Albrecht.
328 Rauchfleisch (2011): S. 168.
329 Ebd.
330 Karawanskij et al.: S. 146f.

unter Zuhilfenahme verschiedener Modelle der sozialen Kategorisierungstheorie generalisierende Effekte des Kontaktes, indem er die Ziele, die sich hinter den Modellen verbergen, auf einer zeitlichen Achse in die Kontaktsituation integrierte. Im Folgenden werden ausgewählte Methoden vorgeschlagen, die gezielt die Effekte der jeweiligen Modelle induzieren sollen und in ihrer Gesamtheit dazu beitragen, die Reduktion negativer Einstellungen zu bewirken.

6.1.3.1 Das Modell der Dekategorisierung

Sowohl die Dekategorisierung als auch die Rekategorisierung (siehe Kapitel 6.1.3.3) beruhen auf der Annahme, dass die „auf der Feststellung von Ähnlichkeiten und Unterschieden basierte Einteilung in soziale Gruppen [...] den Ausgangspunkt für Gleich- und Ungleichbehandlung“[331] bildet. Das Ziel des Kontaktes soll daher zu Beginn darin bestehen, dass sich die am Intergruppenkontakt beteiligten Personen „eher als Individuen denn als Mitglieder unterschiedlicher Gruppen begegnen.“[332] Gelingen kann dies nur, wenn alle Beteiligten die Eigengruppe-Fremdgruppe-Kategorisierung vergessen oder ignorieren. Der personalisierte Kontakt soll so im Idealfall zu wechselseitiger Sympathie führen - eine Ausgangslage für die Bildung positiver Emotionen und affektiver Bindungen.

Um die Gruppenmitgliedschaften weniger salient zu machen, eignet sich das soziometrische Positionieren der Beteiligten im Raum. Dies kann in Form eines Kennenlern-Spiels erfolgen, bei dem sich alle Beteiligten nach bestimmten Merkmalen immer wieder zu neuen Gruppen zusammenfinden. Wenn nach der liebsten Freizeitbeschäftigung gefragt wird, sollen sich beispielsweise alle, die gern einer sportlichen Aktivität nachgehen, in die linke Ecke des Raumes stellen, alle, die eher lesen oder fernsehen in die Mitte und diejenigen, die sich in ihrer Freizeit lieber mit Freunden treffen, auf die rechte Seite des Raumes. Wird anschließend etwa danach gefragt, wer bereits schon transidente Menschen und/oder Homosexuelle kennengelernt hat, erfolgt die Gruppenzuweisung aufs Neue (alle, die trans* Menschen kennen, nach links, diejenigen, die beiden Personengruppen schon begegnet sind, in die Mitte usw.). Auch kann das Spiel so erfolgen, dass sich alle in einem Kreis aufstellen und eine Person in der Mitte eine bestimmte Eigenschaft benennt, mit dem sie sich

331 Matschke und Otten: S. 292.
332 Piontkowski: S. 201.

identifiziert (z.B. „Ich spiele gern Fußball!", „Ich hasse Rosenkohl!"). Alle, auf die dieses Merkmal zutrifft, gesellen sich daraufhin zu der Person in die Mitte. Die Dekategorisierung kann auch durch die Einteilung des Raumes in eine *Ja-Seite* und eine *Nein-Seite* erreicht werden. Die Beteiligten sollen sich entscheiden, ob sie einer Frage oder Meinung zustimmen oder diese ablehnen (z. B. „Nein, ich hätte kein Problem, wenn mein bester Freund schwul bzw. meine beste Freundin lesbisch wäre!" oder „Ja, ich hätte damit ein Problem!") und sich daraufhin auf die jeweilige Seite stellen (ohne sich erklären zu müssen).
Diese Dekategorisierungsmethoden basieren auf der Wirkung von Kreuzkategorisierungen, d.h. der Identifizierung jedes einzelnen Mitgliedes mit verschiedenen durch die Spiele aufgeworfenen Gruppen (z.B. Fußballliebhaber, Rosenkohlhasser etc.). In Folge dessen verliert die ursprüngliche Eigengruppe-Fremdgruppe-Kategorisierung an Gewicht und „entsprechend [sinkt (Anm. M.F.)] die Wahrscheinlichkeit sozialer Diskriminierung im Vergleich zu einer einfachen Kategorisierung".[333] Durch Dekategorisierungsmethoden wird erfahrbar, dass die Identität aller Menschen vielschichtig und „dass Diskriminierung ein Problem von Gruppenzuschreibungen ist."[334] Weymar macht hierbei deutlich, dass, je weniger sich ein Mensch über Gruppen identifiziert, dieser umso seltener andere Gruppen abwertet oder sich von diesen differenziert.
Werden die Schüler_innen auf diesen Effekt aufmerksam gemacht, so besteht Pettigrew zufolge die Chance, dass die Wirkung der Dekategorisierung auf andere sozialen Gruppen generalisiert werden kann[335] - dass die Lernenden also Gruppenmitglieder eher als einzigartige Individuen betrachten und nicht primär als Vertreter_innen einer allenfalls negativ stereotypisierten Gruppe.

6.1.3.2 Das Modell der wechselseitigen Differenzierung

Nachdem sich die Teilnehmer_innen kennen gelernt und sich Misstrauen und Befürchtungen verflüchtigt haben, bietet sich an, die Gruppenbeziehungen in der nachfolgenden Diskussion und Aufklärung wieder salienter werden zu lassen. Hewstone und Brown (1986) empfehlen diese wechselseitige Differenzierung, da „ein salienter Intergruppenkontext notwendig ist für dauerhafte positive Kontakteffekte"[336]. Dies begründen Matschke und Otto wie folgt:

333 Matschke und Otten: S. 292.
334 Karawanskij et al.: 2010. S. 139.
335 Vgl. Matschke und Otten: S. 293.
336 Ebd. S. 295.

»Wird das Fremdgruppenmitglied während positiver Kontaktsituationen nicht als Fremdgruppenmitglied kategorisiert, so ist insgesamt weniger wahrscheinlich, dass das positive Interaktionserlebnis auf die Fremdgruppe als Ganze generalisiert wird.« [337]

Wird beispielsweise während des Informationsgespräches nicht deutlich, dass eine Vertreterin eine Transfrau ist, oder wird die sexuelle Orientierung einer lesbischen Vertreterin nicht transparent, kann es sein, dass diese - weil sie gängigen Stereotypen einer Transfrau bzw. lesbischen Frau nicht entsprechen - nicht als diese wahrgenommen werden. Trotz initiierter Begegnung können dann positive Kontakteffekte ausbleiben. Daher ist es ratsam, dass die beteiligten Vertreter_innen der LSBTIQ*-Aufklärungsprojekte die Schüler_innen über ihre Mitgliedschaft in einer sozialen Gruppe in Kenntnis setzen. Das Selbst-Outing, die Schilderung der eigenen Lebenssituation und persönlicher Diskriminierungserfahrungen macht die LSBTIQ*-Vertreter_innen salient und kann dadurch erst gezielt Vorurteile widerlegen.

Auch ist es ratsam, dass die sozialen Gruppen komplementäre Rollen bei der Arbeit am übergeordneten Ziel einnehmen. Die Interdependenz darf dadurch aber nicht aufgehoben werden. Wird beispielsweise darüber diskutiert, was als typisch weiblich und typisch männlich bzw. typisch homosexuell und typisch heterosexuell gilt, ist es ratsam, dass die LSBTIQ*-Vertreter_innen moderierend fungieren und nur eingreifen, um die eigene Meinung kundzutun, wenn klischeehafte Bilder bedient werden, oder um durch provokative Einwürfe die Diskussion neu zu entfachen. Ebenso kann etwa bei der Erarbeitung von Broschüren oder Plakaten die Aufgabe der Schüler_innen darin bestehen, diese zu entwerfen und mit Informationen zu füllen, während LSBTIQ*-Vertreter_innen die Jugendlichen mit eigenen Erfahrungen und ihrem Wissen zuarbeiten. So wird die positive Distinktheit der Gruppen aufrechterhalten.

Vivian und Hewstone (1999) sprechen hierbei allerdings von einer riskanten Strategie, da die Gefahr besteht, dass die Distinktheit ein wechselseitiges Misstrauen auslösen oder erhöhen kann (Brown und Gardham 2001), indem die

337 Matschke und Otten: S. 295.

Unterschiedlichkeit der Gruppen verstärkt wahrgenommen wird.[338] Daher sind, wie bereits erwähnt, Reglementierungen ebenso zu vermeiden wie der Einsatz von Vertreter_innen, auf die mehrere Vorurteile zutreffen würden.

Eine andere Möglichkeit, die Distinktheit der Gruppen auszunutzen, besteht darin, Perspektivenwechsel zu initiieren. Die Lernenden müssen dadurch in die Rolle der marginalisierten sozialen Gruppen schlüpfen und erfahren so, mit welchen Konflikten diese belastet sind. Beispielsweise kann in einem Rollenspiel, in dem die Jugendlichen eine Outing- oder Mobbing-Situation darstellen, ein_e Schüler_in die Rolle der LSBTIQ*-Person übernehmen. Indem sich Jugendliche in ihre Rollen *eindenken*, schulen sie ihre Empathiefähigkeit[339] und überprüfen: Würde ich mich jetzt tatsächlich auch so verhalten? Hätte ich den Mut, mich schützend vor eine drangsalierte Person zu stellen? Hätte ich als Elternteil ein Problem, wenn mein Kind transident, homo- oder bisexuell wäre?

Eine in Aufklärungsveranstaltungen beliebte Methode wird häufig - anlehnend an die Sexualberatung im BRAVO-Magazin –als *Dr. Sommer* bezeichnet. Dabei wird den Lernenden ein fiktiver Brief vorgelegt, in dem eine LSBTIQ*-Person ein für die soziale Gruppe spezifisches Problem schildert (Nichtwahrnehmung im psychischen Geschlecht, Zwangsouting o.Ä.). In Kleingruppen können die Jugendlichen nun einen Antwortbrief verfassen, in dem sie gemeinsam eine Problemlösung entwickeln und diese dann einfühlend ausformulieren. Die Lernenden werden durch diesen Perspektivenwechsel sensibilisiert.

6.1.3.3 Das Modell der Rekategorisierung

Das Ziel des Intergruppenkontaktes soll am Ende die Rekategorisierung sein, d.h. die Bildung einer neuen großen Gruppe, die die vormalige Eigen- und Fremdgruppe einschließt. Im Gegensatz zur Dekategorisierung soll hier weniger eine Schwächung der kategorialen Wahrnehmung erfolgen als vielmehr die Frage aufkommen, ob die Kategorien zweifellos die Realität abbilden. Reflektiert werden können in diesem Zusammenhang die hegemonialen Geschlechterrollen. Es kann diskutiert werden, wie eine gesellschaftliche Norm

338 Vgl. Matschke und Otten: S. 295.
339 Vgl. Karawanskij et al.: S. 86.

genau entsteht, wer daran mitwirkt und ob pauschal zwischen *männlich* und *weiblich* bzw. *normal* und *anders* unterschieden werden kann.
Gaertner et. al. schlagen in diesem Zusammenhang die Konstituierung einer *dual identity* vor, bei der relevante Kategorisierungen nicht negiert werden und gleichzeitig ein starkes, übergeordnetes und alle einbindendes Merkmal betont wird.[340] Dies kann dadurch realisiert werden, indem sich darauf geeinigt wird, dass zwar die LSBTIQ*-Vertreter_innen in der Gesellschaft oft als Abweichung von der Norm empfunden werden, aber alle Beteiligten das Recht haben, selbst zu entscheiden, was sie als *normal* ansehen. Das *Andere* ist ein Resultat dieser subjektiven Kategorisierung. Oder es kann darüber gesprochen werden, dass Fremdgruppen häufig homogenisiert und primär in ihrem distinktiven Merkmal wahrgenommen werden, doch ist niemand tatsächlich mit anderen identisch oder nur anhand eines Merkmals zu beschreiben. Der Mensch ist weder nur männlich noch nur weiblich, die menschliche Identität ist komplex und vielseitig und sollte daher nicht auf das psychische Geschlecht oder die Sexualität reduziert werden.
Die Differenzen zwischen den sozialen Gruppen können zudem durch ein von Hartmann vorgeschlagenes „prozessuales Identitätsverständnis"[341] erreicht werden, das starre und schicksalhafte Bestimmungen vermeidet. Dabei geht es „nicht darum, feste Begriffe wie lesbisch, schwul, hetero fallen zu lassen, sondern feste Zuschreibungen, was diese ausmachen sollen, zu vermeiden."[342] Es gilt zu hinterfragen: Sind wir tatsächlich Tag für Tag und im Laufe unseres Lebens immer dieselben Personen? Ist unsere Identität nicht eher wandelbar? Ändert sie sich nicht, beispielsweise wenn wir an schwierigen Probleme oder Lebenssituationen erstarken? Ebenso unterliegen die Geschlechtsidentität und die sexuelle Orientierung einer gewissen Variabilität. So meint etwa Sonja Düring in Bezug auf die sexuelle Orientierung: „Vielmehr hängen gleich- und gegengeschlechtliche Objektwahlen davon ab, welche Position bzw. welche Haltung ein Mann oder eine Frau im Geschlechterverhältnis bezieht"[343]. Nichts ist demnach endgültig.
Im Idealfall wird im Laufe der Diskussion die zuvor saliente Fremdgruppe „Teil einer neuen, übergeordneten ‚Gemeinschaftlichen Eigengruppe (Com-

340 Vgl. Matschke und Otten: S. 296.
341 Begriff nach Hartmann, Jutta. In: Timmermanns: S. 45.
342 Ebd.
343 Düring, Sonja. Zitiert nach: Ebd. S. 46.

mon Ingroup)' "[344]. Die LSBTIQ*-Vertreter_innen profitieren dann innerhalb der neuen Eigengruppe vom *ingroup bias* und steigen somit in der Wertschätzung.[345]

6.2 Die Grenzen des Intergruppenkontaktes

Die erfolgte Besprechung der Ausgangsbedingungen nach Allport und der situativen Bedingungen sowie der Einstellungsänderungen bewirkenden Prozesse nach Pettigrew offenbart die Vielzahl an Determinanten der positiven Effekte von Kontakt. Daher gibt es keine pauschale Antwort auf die Frage, wie Kontakt negative Einstellungen am erfolgversprechendsten reduzieren kann. Empirische Untersuchungen zur Umsetzung der methodisch-didaktischen Überlegungen aus Kapitel 6.1 liegen konkret für Kontaktsituationen mit LSBTIQ*-Personen noch nicht vor.
Im Folgenden sollen zusätzlich Determinanten aufgezeigt werden, die die Erfolgschancen der Kontakteffekte relativieren, da sie nicht bewusst und durch die externen Vertreter_innen oder den gesellschaftlichen Rahmen nur bedingt beeinflussbar sind. Es werden Aspekte der sozialen Kognition des Menschen aufgezeigt, die Einstellungsänderungen beeinträchtigen können.

6.2.1 Soziale Kognition

Die Kategorisierung in Eigen- und Fremdgruppe führt, wie bereits angesprochen, dazu, dass die Fremdgruppe homogenisiert wird. Das bedeutet, dass die Mitglieder dieser Gruppe einander ähnlicher wahrgenommen werden, als sie es in Realität sind. Darauf wurde in Kapitel 5 hingewiesen. Bis heute wird landläufig angenommen, dass sich Mädchen und Jungen bzw. Frauen und Männer untereinander mehr unterscheiden als innerhalb der jeweiligen Geschlechter. Dies wurde allerdings mehrfach widerlegt, weshalb nicht allein der Elfte Kinder- und Jugendbericht für eine *Entdramatisierung* des Geschlechtes plädiert.[346] Auch meinen viele Menschen gegenüber bestimmten sozialen

344 Matschke und Otten: S. 294.
345 Vgl. Piontkowski: S. 202.
346 Vgl. BMFSFJ (2002): S. 108.

Gruppen ausreichend sensibilisiert und informiert zu sein, etwa weil sie eine_n Vertreter_in einer Gruppe kennen. Das kann zu illusorischen Korrelationen führen. Diese entstehen am ehesten, wenn man mit einer_m besonders auffälligen_r Vertreter_in konfrontiert wird, ob aktiv durch eine persönliche Begegnung oder passiv via Medien oder Presse. Arbeitet eine Person etwa in einer KFZ-Werkstatt mit einer Frau zusammen, die offen lesbisch lebt, und kennt die Person nur diese eine Lesbe, nimmt sie vermutlich an, dass sich alle anderen lesbischen Frauen ebenso verhalten oder ähnlich aussehen wie die KFZ-Mechanikerin.

Menschen, die illusorischen Korrelationen unterliegen, achten zudem bei der Konfrontation mit anderen Vertreter_innen der gleichen Fremdgruppe besonders auf ebenjenes saliente Merkmal. Lernende könnten dann in Kontaktsituationen die Interaktion mit einer_m LSBTIQ*-Vertreter_in verweigern, wenn diese_r dasselbe Merkmal aufweist wie ein anderes an der Kontaktsituation nicht beteiligtes Mitglied der Gruppe, von dem der_die Schüler_in in der Vergangenheit negative Einstellungen generiert hat (z.B. aufgrund negativer Erfahrungen). Wenn also im Intergruppenkontakt nicht die Individualität aller Beteiligten aufgezeigt wird - wie es das Ziel der Dekategorisierungsphase ist - können illusorische Korrelationen ungehindert weiterbestehen.

Um dem Vorwurf der Voreingenommenheit zu entgehen, neigt der Mensch dazu, Informationen über eine Fremdgruppe einzuholen, die seiner Einstellung gegenüber dieser entspricht. Myers und Scanzoni (2006) bestätigten in ihren Untersuchungen diesen Umstand: „Wir sind immer auf der Suche nach Informationen, mittels derer wir uns davon überzeugen können, dass die negative Einstellung gegenüber einer Fremdgruppe gerechtfertigt ist.“[347] Damit vermeidet der Mensch nicht nur eine kognitive Dissonanz - Einstellungsänderungen können diese erzeugen (Kapitel 6.1.2.2) -, er rechtfertigt damit zusätzlich vorherrschende Benachteiligungen, die stigmatisierte Minoritäten erfahren. So heißt es etwa in den *Erwägungen zu den Entwürfen einer rechtlichen Anerkennung der Lebensgemeinschaften zwischen homosexuellen Personen* des Vatikans:

347 Akert et al.: S. 439.

»Es gibt keinerlei Fundament dafür, zwischen den homosexuellen Lebensgemeinschaften und dem Plan Gottes über Ehe und Familie Analogien herzustellen, auch nicht in einem weiteren Sinn. Die Ehe ist heilig, während die homosexuellen Beziehungen gegen das natürliche Sittengesetz verstoßen.« [348]

Die Rolle der Religion wird hier exemplarisch deutlich: Bestimmte Überzeugungen und Weltanschauungen beeinflussen die Auslegung religiöser Texte. Eine zielgerichtete Bibelexegese etwa lässt „eine schwulen- und lesbenfeindliche Haltung zur Verteidigung von ‚Familienwerten' rechtfertigen."[349] Um Menschen von ihren pauschalen oder verzerrten Annahmen über eine soziale Gruppe zu überzeugen, bedarf es daher zum einen ausreichender Informationen und überzeugender Argumente, die dem Stereotyp widersprechen, und zum anderen positiver Emotionen, die mit Hilfe der in Kapitel 6.1 geschilderten Bedingungen erzeugt werden können. Schließlich „hat noch niemand seine Meinung verworfen, nur weil er dazu gezwungen wurde."[350] Inwiefern diese Wirkungsfaktoren die erhofften Effekte erzielen, ist allerdings individuell spezifisch und hängt vom Kontrasteffekt ab, das heißt:

»Bei stereotyp-inkonsistenten Informationen hängt unser Urteil vom Ausmaß der Abweichung zwischen stereotyper Erwartung und wahrgenommenem Stimulus (bspw. Verhalten eines Fremdgruppenmitglieds) ab.« [351]

Folglich kann davon ausgegangen werden, dass, wenn wir Personen begegnen, die mindestens einem Stereotyp der ihnen zugeschriebenen sozialen Gruppe entsprechen, dieser Stereotyp in unserem kognitiven Konzept bestätigt und daher verfestigt wird. Die Einstellungsänderung wird dadurch

---

348 Vatikan (Hg.): Erwägungen zu den Entwürfen einer rechtlichen Anerkennung der Lebensgemeinschaften zwischen homosexuellen Personen. Zitiert nach: FAZ vom 31.07.2003. URL: http://www.faz.net/aktuell/politik/wortlaut-erwaegungen-ueber-homosexuelle-lebensgemeinschaften-1113824.html. (Stand: 06.08.2012)

349 Akert et al.: S. 439.

350 Clinton, Hillary. Zitiert nach: Iff, Thomas: LGBT-Rechte: Vollständige deutsche Übersetzung von Hillary Clintons Rede vor UNO Menschenrechtsrat in Genf. URL: http://www.thinkoutsideyourbox.net/?p=21057. (Stand: 21.05.2014)

351 Petersen und Six-Materna: S. 435.

schwieriger. „Erst wenn sehr massive Diskrepanzen auftreten, ist man bereit, von althergebrachten Positionen abzuweichen."[352] Werden wir aber mit Personen konfrontiert, die das Klischee der sozialen Gruppe nicht erfüllen, kann unser Bild über die Gruppe aufgrund dieser Unstimmigkeit dekonturiert werden. Ebenso kann die Begegnung aufgrund des ausbleibenden Kontrasteffektes bewirken, dass unser Bild von der sozialen Gruppe unverändert bleibt. Dann deuten wir das nicht-stereotype Auftreten der Personen „als durch einen Aspekt der Situation bedingt"[353]. Es werden also situative Annahmen über das Verhalten oder Aussehen der Personen gemacht (z.B. „Er_Sie verhält sich bewusst so, um das Stereotyp nicht zu bestätigen und meine Einstellung gegenüber der sozialen Gruppe zu ändern."). Nicht nur deshalb ist es von Nöten, Kontaktsituationen im Schulkontext nicht nur einmalig stattfinden zu lassen, sondern regelmäßig zu veranstalten. Dies verhindert oder löst eine Substereotypisierung der LSBTIQ*-Vertreter_innen, d.h. die Annahme darüber, dass diese keine typischen Mitglieder der sozialen Gruppen seien oder sich eventuell sogar absichtlich entgegen der gängigen Bilder verhalten.[354] Ebenso wirkt das Auftreten mehrerer Mitglieder einer sozialen Gruppe der Substereotypisierung entgegen. Begegnen Schüler_innen zum Beispiel nicht nur einer, sondern zwei oder mehreren transidenten oder intergeschlechtlichen Personen, ist die Chance höher, dass diese Vertreter_innen als typische Mitglieder ihrer sozialen Gruppe angesehen werden.

Für die rechtliche wie gesellschaftliche Situation marginalisierter Lebensformen wird mitunter auch diesen selbst die Schuld gegeben. So zeigte eine britische Studie aus dem Jahre 1982, dass einige Menschen die Lebenssituation von Minoritäten als Eigenverschulden auslegten, weil sie „auf mangelnde Fähigkeiten und Charakterdefizite"[355] zurückgeführt wurde. Dass LSBTIQ* in einer geschlechterdichotomen Gesellschaft diskriminiert werden, wird gelegentlich damit gerechtfertigt, dass diese selbst für ihre kritische Situation verantwortlich seien. Warum verhalten sie sich auch so nonkonformistisch und passen sich nicht einfach der binären Geschlechternorm an? Die Annahme des vorsätzlichen Verstoßes gegen gültige Normen und Werte resultiert paradoxer-

352 Kiefer, Markus. Zitiert nach: Albrecht. Vgl. Kapitel 3.2.

353 Akert et al.: S. 441.

354 Petersen und Six-Materna sprechen von Attributionsfehlern, die sich „in einer Zuschreibung negativen Verhaltens von Fremdgruppenmitgliedern auf dispositionale Ursachen" zeigen, „während dieses Verhalten bei der Eigengruppe situational [...] erklärt wird." Petersen, Six-Materna: S. 435.

355 Akert et al.: S. 445.

weise aus dem Gerechtigkeitsbedürfnis, dass „Menschen das bekommen, was sie verdienen und das verdienen, was sie bekommen."[356] Aus dem Glauben an *iustitia* heraus erfolgt in diesem Zusammenhang eine Entwertung. Daher ist es von Wichtigkeit, dass Schüler_innen in Kontaktsituationen unmissverständlich klar wird, dass die mutmaßliche Missachtung von hegemonialen Normvorstellungen nicht aus einer bewussten Entscheidung oder selbst gewählten Präferenz heraus erfolgt, sondern dass Trans*, Intergeschlechtlichkeit, Homo-, Bi- oder Multisexualität ein unvermeidlicher Teil der Identität darstellen. Hillary Clinton präzisierte dies in ihrer Rede vor dem UN-Menschenrechtsrat in Genf 2011: „Homosexualität ist keine Erfindung des Westens. Es ist eine menschliche Wirklichkeit."[357]
Darüber hinaus wird der Erfolg der Kontaktsituation von der Bereitschaft der Beteiligten zu inhaltsrelevantem Nachdenken determiniert. Dieses intrapersonale Merkmal wird als Kognitionsbedürfnis bezeichnet. Menschen mit starkem Kognitionsbedürfnis neigen dazu, „ihre Einstellungen aufgrund der in einer Kommunikation enthaltenen Argumente zu bilden"[358] im Gegensatz zu Personen, die ein geringes Bedürfnis haben, über Fragestellungen und Probleme nachzudenken. Letztendlich kann das Kognitionsbedürfnis nur insofern angeregt werden, dass den Beteiligten die Bedeutung des Kontaktes verdeutlicht und das Nachdenken reizvoll gemacht wird. Etwa mit einer vergleichbaren Rhetorik wie der Clintons in der oben benannten Rede:

> *»Fortschritt kommt von dem Willen, sich für einen Augenblick in den anderen hineinzuversetzen. Fragen wir uns: „Wie würde ich mich fühlen, wenn es ein Verbrechen wäre, die Person zu lieben, die ich liebe? Wie würde es sich anfühlen, wenn ich für etwas diskriminiert werde, das ich nicht ändern kann?«* [359]

Daher beinhaltet die in Kapitel 6.1.3.2 geschilderte Methode des Rollenspiels das wertvolle Potential der „Überwindung egozentrischer Sichtweisen", mit der die „Entwicklung des moralischen Urteils" gelingt, insofern die Lernenden

356 Akert et al.: S. 445.

357 Clinton, Hillary. Zitiert nach: Iff. Clinton bezog sich hierbei nicht nur auf das Prädikat Homosexualität, sondern formulierte dies auch in Bezug auf LSBT-Identitäten. (Ebd.)

358 Hewstone et al.: S. 237.

359 Clinton, Hillary. Zitiert nach: Iff.

angeregt werden, „die Perspektiven anderer Menschen nachvollziehen zu können" und auf diese Weise „einen moralischen Standpunkt einzunehmen, der über ein Zweck-Mittel-Denken oder über blinde Unterordnung unter Befehle hinausgeht."[360]
Einstellungsänderungen erfolgen nicht durch Indoktrinierung und Verhaltenskonditionierung, sondern in der Bestrebung, Lernende „mit Problemsituationen zu konfrontieren und sie zur selbstständigen Auseinandersetzung anzuhalten."[361] Dies gelingt durch didaktisch-methodische Überlegungen, die in Kapitel 6.1.3 angestellt wurden.

6.2.2 Kritik an Aufklärungsinitiativen

Der Erfolg der Kontaktsituation ist, so konnte gezeigt werden, von vielerlei situativen Bedingungen (Kooperation, Statusgleichheit, Kontaktphasen), interindividuellen Unterschieden (Kognitionsbedürfnis, Voreingenommenheit) und diversen Merkmalen der Intergruppensituation (Kooperation, Verhaltensänderung) abhängig. Dies bedarf einer ausreichenden Professionalität der externen LSBTIQ*-Vertreter_innen und einer ausgefeilten Organisation der Kontaktsituation. Allerdings ist dies angesichts der häufig ehrenamtlichen Projektarbeit nicht zufriedenstellend zu bewerkstelligen. Dadurch, dass externe Vertreter_innen nur ihre Freizeit zur Verfügung haben, um Veranstaltungen durchzuführen, Methoden zu entwerfen und diese vor- und nachzubereiten, ist abzusehen, dass die Teamer_innen nicht immer mit dem nötigen pädagogischen Hintergrundwissen oder auf Grundlage intensiver didaktischer Überlegungen arbeiten können. Zwar gelten Externe bereits aufgrund ihrer spezifischen Lebens- und Diskriminierungserfahrung bereits als kompetent hinsichtlich der Thematik LSBTIQ*, allerdings kann nicht von diesen verlangt oder angenommen werden, dass ihre Arbeit im Schulkontext von didaktisch-methodischen Kenntnissen und von einem geübten Umgang mit Schüler_innen geprägt ist. Um also die Qualität der Aufklärungs- und Bildungsinitiativen aufrecht zu erhalten bzw. sicher zu stellen, sind regelmäßige Aus- und Weiterbildungen der Teamer_innen, der Austausch pädagogischer Erfahrun-

360 Spinner, Kaspar H.: Kreativer Deutschunterricht. Identität – Imagination – Kognition. 3. Auflage. Seelze-Velber 2008. S. 80.
361 Ebd.

gen der lokalen LSBTIQ*-Projekte auf Bundes- und Länderebene sowie empirische Untersuchungen zur Wirkung von Kontaktveranstaltungen notwendig. Durch Fort- und Weiterbildungsmöglichkeiten soll eine Professionalisierung der Community Education erreicht werden. Dadurch steigt nicht nur das Interesse der Schulen, deren Erwartungen einer professionellen pädagogischen Arbeit erfüllt werden können, weshalb Lehrkräfte aller Voraussicht nach zunehmend auf diese Form der Unterrichtsgestaltung zurückgreifen werden. Auch eine reflektierte Arbeit mit Jugendlichen soll dadurch erwirkt werden, d.h. Teamer_innen müssen sich und ihre Sexualität selbst überdenken, eine eigene Meinung über Heteronormativität und Geschlechterkonstruktionen bilden und dadurch die Sensibilität für eine normkritisch-emanzipatorische Arbeitsweise entwickeln. So birgt etwa „die persönliche Betroffenheit [...] die Gefahr, dass Fragen von Jugendlichen zwar wohl wahrheitsgemäß, jedoch auch unreflektiert beantwortet werden."[362]
Durch den Austausch der Projekte untereinander sollen Arbeitsformen und Verfahrensweisen ausgetauscht und ein Standard für die Aufklärungsarbeit entwickelt werden. Indem eine gemeinsame Zielstellung erarbeitet wird und grundlegende Teilziele vereinbart werden, kann die Arbeit der Aufklärungs- und Bildungsprojekte transparenter und zielgerichteter stattfinden. Unzulänglichkeiten, etwa in der Behandlung des Themas Intergeschlechtlichkeit, werden ausgemerzt und Handlungsrahmen geschaffen, beispielsweise hinsichtlich der didaktischen Vorgehensweise bei der Vorstellung der heterogenen Trans*-Konzepte oder der Umsetzung zielgruppenzentrierter Kontaktsituationen (mit Jugendlichen, Lehrkräften, Schulsozialarbeiter_innen oder Eltern). Ferner ist der Vorschlag Timmermanns empfehlenswert, mit anderen Peer-Education-Projekten zusammenzuarbeiten und sich auszutauschen. Bewährte Veranstaltungen wie die Präventionsveranstaltungen der *Deutschen AIDS-Hilfe* oder die Sexualaufklärung des länderübergreifenden studentischen Projektes *Mit Sicherheit verliebt* (MSV) können durch die Erfahrung von LSBTIQ*-Vertreter_innen bereichert und gemeinsame Veranstaltungen organisiert werden. Hierbei sei allerdings darauf hingewiesen, dass die Thematik sexueller und geschlechtlicher Vielfalt nicht grundsätzlich in der Sexualpädagogik zu verorten ist, sondern fächerübergreifend angelegt sein sollte, da Diskriminierung „verschiedene Facetten hat und ganz unterschiedliche Lebensbereiche

362 Bade: S. 100.

berührt."[363] Evaluationen, wie dies Timmermanns beispielsweise für schwullesbische Aufklärungsinitiativen vorgenommen hat, überprüfen die Arbeitsweisen und Methodenwahl der Aufklärungsprojekte daraufhin, ob sie antidiskriminierend fungieren oder ob sie eher Stereotype und Vorurteile reproduzieren. Allerdings verfügen bis heute nicht alle Initiativen „über ein Qualitätsmanagement zur Reflexion, Aus- und Weiterbildung"[364] ihrer Mitarbeiter_innen.

Indem darüber hinaus ehrenamtliche Aufklärungsinitiativen durch öffentliche Gelder oder überparteiliche Spenden gesponsert werden oder die Aufklärungsarbeit hauptamtlich erfolgen kann, können Kontaktveranstaltungen in Schulen und die Weitergabe der Erfahrungen an neue Teamer_innen über Jahre hinweg kontinuierlich sichergestellt werden, während sonst wertvolles pädagogisches wie sachliches Wissen verloren ginge, weil etwa die ehrenamtliche Arbeit hinter beruflichen Interessen zurücktreten muss.

Argumente für das Hauptamt der Aufklärungsarbeit von LSBTIQ*-Projekten sind daher Qualität, Innovation und das Gewährleisten zahlreicher und wiederholter Kontaktveranstaltungen. Schließlich findet diese Arbeitsform in Schulen viel zu selten statt, als dass - wie etwa von Pettigrew gefordert - intergruppale Freundschaften und affektive Bindungen gebildet werden können. Das Hauptamt kann die offene Arbeitsform der Lebensweisenpädagogik in Schulen etablieren und darüber hinaus etwa für Lehrer_innenfortbildungen oder Elternabende zum Thema Diskriminierung zum Einsatz kommen. Für Bildung verantwortliche Personen dürfen nicht stoisch den Bildungsauftrag und die Verantwortung zur kritischen Erziehung und Sozialisation an ehrenamtliche Initiativen abgeben, sondern müssen diese in die Logik und Struktur von Bildungsinstitutionen integrieren.

Freilich können und dürfen LSBTIQ*-Aufklärungsprojekte nicht die einzige Arbeitsform sein, mit der sexuelle und geschlechtliche Vielfalt in der Schule thematisiert wird. Lebensweisenpädagogische Ansätze müssen fachübergreifend und ganzheitlich erfolgen, nicht nur nebenher. Der Intergruppenkontakt ist als „Teil eines großen Pakets"[365] aufzufassen und verweist auf eine grundsätzliche Einstellung, die von einer selbstverständlich geschlechtersensiblen und normkritischen Erziehung geprägt ist.

363 Karawanskij et al.: S. 137.

364 Bade: S. 100.

365 Ebd. S. 99.

7 | Schlussbetrachtung

> *»[...] die scheinbare Eindeutigkeit konstruierter Systeme, die die Menschen entweder in Männer oder Frauen bzw. Hetero- oder Homosexuelle einteilen, ist die Grundlage eines binären, biologistischen, essentialistischen, fundamentalistischen und totalitären Denkens, das die Welt nur in Polaritäten wahrnehmen will und kann.«* [366]

Den Ausgangspunkt dieser lebensweisenpädagogischen Arbeit bildete das Theorem der Einstellungsforschung „wenn man persönlich diskriminierte Minderheiten kennenlernt, führt das häufig zu positiveren Einstellungen gegenüber der Gruppe“[367]. Dieser Gedanke wurde weitergeführt und anhand der Frage konkretisiert: Kann davon ausgegangen werden, dass gesteuerte Kontaktgelegenheiten im Schulkontext eine Reduktion negativer Einstellungen gegenüber marginalisierten sexuellen und geschlechtlichen Identitäten (LSBTIQ*) bewirken?
Tatsächlich verbessert der Kontakt von Mitgliedern unterschiedlicher sozialer Gruppen unter bestimmten situativen Bedingungen die Beziehung zwischen diesen Gruppen. Für Kontaktsituationen mit LSBTIQ* im Schulkontext ist daher wichtig, dass die Lehrenden sowie die externen Vertreter_innen die Ausgangsbedingungen, die Allport postulierte (Statusgleichheit, gemeinsame Zielstellung, Kooperation, Unterstützung durch Autoritäten), so gut wie möglich anstreben. Zwar konnte durch Studien, wie der Pettigrews und Tropps von 2006, gezeigt werden, dass die „von Allport spezifizierten Bedingungen nicht unbedingt notwendig dafür sind, dass Kontakt eine Veränderung bewirkt“[368], allerdings gelten sie als erleichternd oder vermittelnd.
Die Integration von Modellen der sozialen Kategorisierungstheorie in die Theorie intergruppaler Kontakte ermöglicht zu generalisieren, unter welchen Bedingungen Kontakt zu einer Verbesserung der Beziehung zwischen den sozialen Gruppen führt. Es wurde eine Methodenauswahl gegeben, mit der die Ziele der Dekategorisierungsphase, der Phase der relativen Differenzierung und der Rekategorisierungsphase verfolgt werden können. Letztendlich

366 Timmermanns: S. 39.
367 Vgl. Ebd.
368 Stürmer: S. 290.

soll die zeitliche Abfolge dieser Phasen eine maximale Reduktion negativer Einstellungen gewährleisten. Zu beachten sind ebenfalls psychologische Prozesse, die eine Reduktion negativer Einstellungen erst bewirken (Wissenserwerb, Verhaltensänderung, Aufbau affektiver Bindungen, Neubewertung der Eigengruppe) und die gezielt durch externe Vertreter_innen beeinflusst werden können. Aber auch zufällige und unbewusste Formen der Beeinflussung von Einstellungen und Verhaltensweisen müssen verstanden werden (etwa illusorische Korrelationen als Form der Attributionsverzerrung oder die normative Konformität des Menschen). Auch muss allen an Bildung beteiligten Personen klar sein, dass die Determinanten für einen optimalen Kontakt umfangreich sind. Empirische Untersuchen sind nötig, um zu überprüfen, ob die aufgeführten Strategien und Methoden in der Praxis durchführbar und vereinbar sind und inwiefern diese durch die Persönlichkeit der Vertreter_innen und die soziale Kognition aller Beteiligten relativiert werden.
Die Untersuchung des Intergruppenkontaktes und seiner vorurteilsreduzierenden Wirkung als didaktische Arbeitsform darf allerdings nicht losgelöst von der gängigen pädagogischen Praxis an Schulen gesehen werden. Der Kontakt mit LSBTIQ* stellt daher nur einen Teil dekonstruktiv-emanzipatorischer Lebensweisenpädagogik dar, die als Querschnittsaufgabe verstanden werden muss und nicht auf einzelne Fachbereiche oder Teildisziplinen reduziert werden darf. Wirkungsfaktoren dieses Ansatzes sind:

(1) Geschlechtersensible Bildung entdramatisiert Gender, lockert Rollenerwartungen und daraufhin homo- und transphobe Diskriminierungsstrukturen.

(2) Die Thematisierung von LSBTIQ* zeigt Lernenden die Vielfalt sexueller und geschlechtlicher Lebensformen und erfüllt den Anspruch von Schule als „Gegenwelt und Gegenkultur“[369] die Welt in ihrer Mannigfaltigkeit darzustellen.

(3) Direkte Erfahrungen und somit auch direkte Kontakte ändern negative Einstellungen am erfolgversprechendsten, zeigen authentisch Vielfältigkeit und weisen auf, dass Menschen unter Geschlechterstereotypen leiden.

369 Holtappels: S. 11.

(4) Die Thematisierung von sozialer Wahrnehmung, Stereotypen und Vorurteilen in Schulen verhindert bzw. schwächt die Differenzierung von Geschlechterrollenvorstellungen und hilft Konstruktionen zu hinterfragen.

Indem Schule diese Forderungen erfüllt, erhöht sie nicht nur die kurz- und langfristigen Erfolgschancen von vorurteilsreduzierenden Kontakteffekten, sondern ist aufgrund ihrer egalitären und dekonstruktiven Arbeitsweise grundsätzlich antidiskriminierend wirksam.

Der Dekonstruktion der Geschlechterrollen wird vorrangig aus konservativen Kreisen ein destruktiver Charakter nachgesagt. Statt aber der Dekonstruktion Vernichtendes oder Nihilistisches zu unterstellen, sei noch einmal auf die Absicht dieser pädagogischen Arbeitsweise verwiesen: Indem vorherrschende Normen und Werte hinterfragt und kritisch diskutiert werden, eröffnet dies weitere und neue Denkrichtungen und Handlungsmöglichkeiten. Das Sichtbarmachen der Konstruiertheit vorherrschender Normen zeigt nicht nur, dass alle Menschen an diesem Konstruktionsprozess teilhaben, oft ohne dies zu bemerken, sondern auch, dass, indem wir das eigene Weltbild, die eigenen Moralvorstellungen hinterfragen und damit über den eigenen Tellerrand hinaus schauen, eine Sicht auf die Welt und eine tolerantere Haltung gegenüber anderen Überzeugungen und Lebensformen gewinnen.

Eine dekonstruktive Pädagogik will also nicht die vollständige Auflösung von Geschlecht im Sinne einer „Utopie der Geschlechtslosigkeit“[370], denn der Mensch konstruiert immer und ständig und versteht sein psychisches Geschlecht als distinktives Moment seiner Identität. Annedore Prengel etwa stimmt in ihrer Pädagogik der Vielfalt zu, dass es belangvoll sei „von der Unbestimmbarkeit der Menschen auszugehen“[371], allerdings verwehrt sie sich gegen „eine wie auch immer gedachte Existenz als geschlechtsloses Wesen“. Indem Prengel für einen demokratischen Differenzbegriff plädiert, der jeglichen Dualismus verneint und die Pluralität von Geschlecht verdeutlicht, befürwortet sie die aktive Auseinandersetzung mit der „soziokulturellen Zugehörigkeit“[372], die auch die vorliegende Arbeit vollzieht. Nicht die Kategorie soll abgeschafft werden, sondern die Inferiorisierung. In diesem Sinne fordert

370 Prengel, Annedore: Pädagogik der Vielfalt. Verschiedenheit und Gleichberechtigung in Interkultureller, Feministischer und Integrativer Pädagogik. 3. Auflage. Wiesbaden 2006. S. 137.

371 Ebd. S. 136.

372 Ebd. S. 137.

die Arbeit eine schulische Auseinandersetzung mit Geschlecht, das sich Lernende, Lehrende und Erziehende „kritisch aneignen, neu gestalten, umkrempeln und egalitär postulieren, aber nicht aufgeben"[373] sollen.
Diese Forderung resultiert aus den Erkenntnissen der Analyse gängiger pädagogischer Praxis an Schulen, die in Bezug auf LSBTIQ* Missstände aufweist. Die Richtlinien zur Sexualerziehung aus Berlin schildern die Ursachen für die spezifische Lebenssituation von LSBTIQ* daher treffend:

»Aufgrund von Tabuisierung, überholten Wertevorstellungen und früherer Kriminalisierung bestehen Vorurteile gegenüber Lesben, Schwulen, Bi- und Transsexuellen [sowie intergeschlechtlichen Menschen (Anm. M. F.)], die zu Abwertung und Diskriminierung bis hin zu Gewalttaten führen.« [374]

Der schulische Umgang mit LSBTIQ* zeichnet sich dadurch aus, dass die Existenz intergeschlechtlicher Menschen verleugnet und die Vielfalt von Trans* nicht deutlich wird. Differenzen zwischen den geschlechtlichen Identitäten werden ebenso wenig wahrgenommen wie ihre Abgrenzung zur sexuellen Orientierung. Heterosexualität wird idealisiert, indem sie zum einen überhöht dargestellt wird und zum anderen davon abweichende sexuelle Orientierungen herabgesetzt werden. Toleranz, Achtung und Respekt vor dem Leben anderer Menschen werden demzufolge unzureichend ausgebildet und gefördert. Gleichwertige und optimale Lernvoraussetzungen werden dadurch ebensowenig geschaffen. Daraus kann geschlossen werden, dass Schule ihrer Aufgabe nicht nachkommt, die Realität vielfältig und mannigfaltig abzubilden und gleichzeitig frei von Diskriminierung Wissen zu vermitteln. Das Fazit Bittners, Autorin der Schulbuchstudie im Auftrag der GEW von 2012, resümiert daher:

»Gerade zu Beginn der Sekundarstufe 1, wenn die Entwicklung geschlechtlicher und sexueller Identität im Leben der meisten Jugendlichen eine wichtige Rolle spielt, führt die Tabuisierung dieser Lehrinhalte dazu, dass Schule einige ihrer grundlegenden Funktionen […] nicht erfüllt: die Förderung der Persönlichkeitsentwicklung aller Kinder und Jugendlicher.« [375]

---

373 Prengel: S. 138.
374 Senatsverwaltung für Bildung, Jugend und Wissenschaft Berlin. S. 6.
375 GEW (2012b): S. 81.

Fehlende Richtlinien zum Umgang mit LSBTIQ* führen zur mangelnden Orientierung der Lehrkräfte, die das *heiße Eisen* folglich eher vermeiden. Deshalb wird die lückenhafte Ausbildungssituation als Hauptproblem der Sexualpädagogik diagnostiziert. Bezugnehmend auf den gegenwärtigen Zustand schulischer Praxis müssen daher in erster Linie Lehrkräfte für die Lebensweisenpädagogik sensibilisiert werden. Insofern bieten Intergruppenkontakte auch in Aus- und Weiterbildungen direkte Erlebnismöglichkeiten, die über sachliche Informationen hinausgehen und LSBTIQ* authentisch machen. Das gelingt umfassend nur durch Top-Down-Prozesse. Erst wenn in den Köpfen der Lehrenden die Thematik Eingang findet, kann sichergestellt werden, dass die Dringlichkeit und Relevanz der Intergruppenkontakte erkannt wird und die positiven Kontakteffekte durch die Unterstützung der an Bildung beteiligten Institutionen und Autoritäten erzielt werden können. Zur konsequenten Öffnung der Schule nach innen und zur Etablierung von Kontaktsituationen mit LSBTIQ*-Aufklärungs- und Bildungsinitiativen bedarf es der finanziellen wie organisatorischen Unterstützung, die die Qualität der Kontaktveranstaltungen sicherstellen kann.
Des Weiteren ist zu überlegen, ob die Öffnung der Schule auch nach außen zu vollziehen ist, d.h. ob Kontaktsituationen auch für Eltern eingerichtet werden sollten: Schließlich spielt das Elternhaus eine bedeutende Rolle in der Sozialisation der Kinder und Jugendlichen und ist somit vorrangig verantwortlich für Einstellungen der Lernenden gegenüber bestimmten sozialen Gruppen:

> *»Meist ist Homophobie mit anderen Vorurteilen verknüpft: Wer Homosexualität ablehnt, wertet mit größerer Wahrscheinlichkeit insbesondere auch Frauen, Migrant_innen im Allgemeinen, Juden und Muslime und in der Tendenz sogar Langzeitarbeitslose, Obdachlose und Menschen mit Behinderung stärker ab.«* [376]

Schließlich soll darauf hingewiesen werden, dass der Intergruppenkontakt aufgrund seiner gezeigten Vorteile auch auf andere soziale Gruppen anwendbar ist, die darunter leiden, dass sie in Schulen ebenso tabuisiert bzw. verzerrt dargestellt werden wie LSBTIQ*. Je mehr direkte Erfahrungen gesammelt

376 Regenbogenfamilien NRW: Jede(r) Fünfte in NRW mit homophoben Einstellungen. URL: http://www.regenbogenfamilien-nrw.de/2012/05/18/jeder-funfte-in-nrw-mit-homophoben-einstellungen. (Stand: 03.08.2012)

werden können, umso erfolgreicher gelingt die Interaktion des Menschen mit seiner Umwelt. Xenophoben Verhaltenstendenzen können dadurch entgegengesteuert und der Vielfalt in der Welt vorbehaltloser begegnet werden.

Literatur

1 Druckquellen

Adamietz, Laura: Geschlechtsidentität im deutschen Recht. In: APuZ 20-21 2012.

Akert, Robin M.; Aronson, Elliot; Wilson, Timothy D.: Sozialpsychologie. 6., aktualisierte Auflage. München 2008.

Albrecht, Harro: Denken ist die Simulation gemachter Erfahrungen. In: DIE ZEIT vom 09.05.2012.

Allport, Gordon W.: Die Natur des Vorurteils. Köln 1971.

Backes, Herbert: Peer Education. In: BZgA (Hg.): Leitbegriffe der Gesundheitsförderung. Glossar zu Konzepten, Strategien und Methoden in der Gesundheitsförderung. 4. erweiterte und überarbeitete Auflage. Schwabenheim an der Selz 2003.

Bade, Xenia: Homosexuelle Jugendliche in der Institution Schule. Handlungsbedarf und Handlungsmöglichkeiten. Diplomarbeit. Lüneburg 2008.

Belling, Pascal: Lesbische und schwule Jugend- und Aufklärungsarbeit: Grundlagen, Modelle und Projekte aus der Praxis in NRW. In: BZgA (Hg.): Forum Sexualaufklärung und Familienplanung. Gleichgeschlechtliche Lebenswiesen. 4/2002.

Bohl, Thorsten; Helsper, Werner; Holtappels, Heinz Günter; Schelle, Carla (Hgg.): Handbuch Schulentwicklung. Bad Heilbrunn 2010.

Brandt, Andrea; Supp, Barbara: Und Gott schuf das dritte Geschlecht. Spiegel Nr. 47/2007.

Braun, Joachim; Martin, Beate: Gemischte Gefühle. Ein Lesebuch zur sexuellen Orientierung. Hamburg 2000.

Bundeszentrale für gesundheitliche Aufklärung [BZgA] (Hg.): Richtlinien und Lehrpläne zur Sexualerziehung. Eine Analyse der Inhalte, Normen, Werte und Methoden zur Sexualaufklärung in den sechzehn Ländern der Bundesrepublik Deutschland. Eine Expertise im Auftrag der BzgA von Andrea Hilgers unter Mitarbeit von Susanne Krenzer und Nadja Mundhenke. Stand: August 2003. Köln 2004.

BZgA: Jugendsexualität. Wiederholungsbefragung von 14-17-Jährigen und ihren Eltern. Ergebnisse der Repräsentativbefragung aus 2005. Köln 2006.

Degele, Nina: Gender/Queer Studies. Eine Einführung. Paderborn 2008.

Farhan, Ina; Wagner, Ulrich: Programme zur Prävention und Veränderung von Vorurteilen gegenüber Minderheiten. In: Petersen, Lars-Eric; Six, Bernd (Hg.): Stereotype, Vorurteile und soziale Diskriminierung. Theorien, Befunde und Interventionen. Basel 2008.

Foucault, Michel: Der Wille zum Wissen. Sexualität und Wahrheit 1. Frankfurt a. M. 1983.

Franz, Detlev: Biologismus von oben. Das Menschenbild in Biologiebüchern. Duisburg 1993.

GEW [*Gewerkschaft Erziehung und Wissenschaft*] (Hg.): Lesben und Schwule in der Schule - respektiert!? Ignoriert?! Eine Synopse der GEW-Befragung der Kultusministerien. Frankfurt a. M. 2002.

GEW (Hg.): Eine Schule für Mädchen und Jungen. Praxishilfe mit Unterrichtsentwürfen für eine geschlechtergerechte Bildung. Frankfurt a. M. 2007.

GEW (Hg.) [2012a]: Ratgeber: Raus aus der Grauzone - Farbe bekennen. Lesben, Schwule und Trans- Lehrkräfte in der Schule. Frankfurt a. M. 2012.

GEW (Hg.) [2012b]: Geschlechterkonstruktionen und die Darstellung von Lesben, Schwulen, Bisexuellen, Trans* und Inter* (LSBTI) in Schulbüchern. Eine gleichstellungsorientierte Analyse von Melanie Bittner. Frankfurt a. M. 2012.

GEW Baden-Württemberg (Hg.): Lesbische und schwule Lebensweisen - ein Thema für die Schule. 6., überarbeitete Auflage. Stuttgart 2011.

Glück, Gerhard; Scholten, Andrea; Strötges, Gisela: Heiße Eisen in der Sexualerziehung. Wo sie stecken und wie man sie anfaßt. 2., unveränderte Auflage. Weinheim 1992.

Hartmann, Jutta: Dynamisierungen in der Triade Geschlecht - Sexualität - Lebensform: dekonstruktive Perspektiven und alltägliches Veränderungshandeln in der Pädagogik. In: Sielert, Uwe; Timmermanns, Stefan; Tuider, Elisabeth (Hgg.): Sexualpädagogik weiter denken. Postmoderne Entgrenzungen und pädagogische Orientierungsversuche. Weinheim, München 2004.

Hewstone, Miles; Jonas, Klaus; Stroebe, Wolfgang (Hgg.): Sozialpsychologie. Eine Einführung. 5., vollständig überarbeitete Auflage. Heidelberg 2007.

Holtappels, Heinz Günter: Schulqualität durch Schulentwicklung und Evaluation. Konzepte, Forschungsbefunde, Instrumente. München 2003.

Horstkemper, Marianne: Schulentwicklung und Differenz: Gender. In: Bohl, Thorsten; Helsper, Werner; Holtappels, Heinz Günter; Schelle, Carla (Hgg.): Handbuch Schulentwicklung. Bad Heilbrunn 2010.

Karawanskij, Susanne; Pates, Rebecca; Schmidt, Daniel (Hgg.): Antidiskriminierungspädagogik. Konzepte und Methoden für die Arbeit mit Jugendlichen. Wiesbaden 2010.

Kraß, Andreas (Hg.): Queer Denken. Gegen die Ordnung der Sexualität (Queer Studies). Frankfurt a. M. 2003.

Kuby, Gabriele: Gender-Mainstreaming - Verlust der Freiheit durch Freiheit ohne Grenzen?. Rede vom 06.12.2011 in Jena.

Küppers, Carolin: Soziologische Dimensionen von Geschlecht. In: APuZ. Geschlechtsidentität. 20-21 2012.

Lang, Claudia: Intersexualität. Menschen zwischen den Geschlechtern. Frankfurt a. M. 2006.

Matschke, Christina; Otten, Sabine: Dekategorisierung, Rekategorisierung und das Modell wechselseitiger Differenzierung. In: Petersen, Lars-Eric; Six, Bernd (Hgg.): Stereotype, Vorurteile und soziale Diskriminierung. Theorien, Befunde und Interventionen. Basel 2008.

Mayer, Jennifer; Werth, Lioba: Sozialpsychologie. Heidelberg 2008.

Münchmeier, Richard: Miteinander - Nebeneinander - Gegeneinander? Zum Verhältnis zwischen deutschen und ausländischen Jugendlichen. In: Fischer, Arthur (Hg.): Jugend 2000- 13. Shell Jugendstudie. Band 1. Opladen 2000.

Nespor, Milan: Methoden und Arbeitsformen der Sexualpädagogik. In: Schmidt, Berenike; Sielert, Uwe (Hg.): Handbuch Sexualpädagogik und sexuelle Bildung. Weinheim 2008.

Nörber, Martin (Hg.): Peer-Education: Bildung und Erziehung von Gleichaltrigen durch Gleichaltrige. Weinheim 2003.

Otten, Sabine: Vorurteil. In: Bierhoff, Hans-Werner; Frey, Dieter (Hgg.): Handbuch der Sozial- und Kommunikationspsychologie. Göttingen 2006.

Petersen, Lars-Eric; Six-Materna, Iris: Stereotype. In: Bierhoff, Hans-Werner; Frey, Dieter (Hgg.): Handbuch der Sozialpsychologie und Kommunikationspsychologie. Göttingen 2006.

Pettigrew, Thomas F.: Intergroup Contact Theory. In: Annual Reviews of Psychology. Volume 49. Palo Alto 1998.

Pettigrew, Thomas F.; Tropp, Linda R.: Interpersonal Relations And Group Processes. A Meta-Analytic Test of Intergroup Contact Theory. In: Journal of Personality and Social Psychology. Volume 90. Numbers 1-6 (January-June). Washington 2006.

Piontkowski, Ursula: Sozialpsychologie. Eine Einführung in die Psychologie sozialer Interaktion. Oldenbourg 2011.

Prengel, Annedore: Pädagogik der Vielfalt. Verschiedenheit und Gleichberechtigung in Interkultureller, Feministischer und Integrativer Pädagogik. 3. Auflage. Wiesbaden 2006.

Rauchfleisch, Udo: Transsexualität. Transidentität. Begutachtung, Begleitung, Therapie. 2., erweiterte Auflage. Göttingen 2009.

Rauchfleisch, Udo: Schwule, Lesben, Bisexuelle. Lebensweisen, Vorurteile, Einsichten. 4., neu bearbeitete Auflage. Göttingen 2011.

Rixius, Norbert: Öffnung von Schule. In: Döbert, Hans; Ernst, Christian (Hgg.): Finanzierung und Öffnung von Schule. Basiswissen Pädagogik. Aktuelle Schulkonzepte Band 2. Stuttgart 2001.

Rubner, Jeanne: Warum Frauen so viel reden und Männer lieber mit Bauklötzen spielen. Die kleinen Unterschiede und woher sie kommen. In: Fauser, Peter; Madelung, Eva; Rentschler, Ingo (Hgg.): Bilder im Kopf. Texte zum Imaginativen Lernen. Seelze-Velber 2003.

Schetsche, Michael; Schmidt, Renate-Berenike: Intime Kommunikation in der Schule. In: Schmidt, Renate-Berenike; Sielert, Uwe (Hgg.): Handbuch Sexualpädagogik und sexuelle Bildung. München 2008.

Schiederig, Katharina; Vinz, Dagmar: Gender und Diversity. Vielfalt verstehen und gestalten. In: Massing, Peter (Hg.): Gender und Diversity - Vielfalt verstehen und gestalten. Eine Einführung. Schalbach 2010.

Schwabe, Ruth: Kann Inklusion volle gesellschaftliche Teilhabe bewirken? In: Bildung & Wissenschaft. Januar/Februar 2007.

Spinner, Kaspar H.: Kreativer Deutschunterricht. Identität – Imagination – Kognition. 3. Auflage. Seelze-Velber 2008.

Spitzer, Manfred: Lernen. Gehirnforschung und die Schule des Lebens. Korrigierter Nachdruck. Heidelberg, Berlin 2003.

Steffens, Melanie Caroline: Diskriminierung von Homo- und Bisexuellen. In: APuZ. Homosexualität. 15-16 2010.

Stürmer, Stefan: Die Kontakthypothese. In: Petersen, Lars-Eric; Six, Bernd (Hg.): Stereotype, Vorurteile und soziale Diskriminierung. Theorien, Befunde und Interventionen. Basel 2008.

Timmermanns, Stefan: Keine Angst, die beißen nicht! Evaluation schwul-lesbischer Aufklärungsprojekte in Schulen. Aachen 2003.

2 Internetquellen

Antidiskriminierungsstelle des Bundes [ADS]: Fakten zur Gleichstellung von eingetragenen Lebenspartnerschaften.
URL: http://www.antidiskriminierungsstelle.de/SharedDocs/Aktuelles/DE/2012/FAQ-eingetragene-lebenspartnerschaften-20120820.html. (Stand: 01.05.2014)

Arbeitsgemeinschaft der Wissenschaftlichen Medizinischen Fachgesellschaften [AWMF]: Leitlinie Störungen der Geschlechtsentwicklung. 2010.
URL: http://www.awmf.org/uploads/tx_szleitlinien/027-022l_S1_Stoerungen_der_Geschlechtsentwicklung_2010-10.pdf. (Stand: 15.07.2012)

Auer, Margit: Interessenorientierte Jugendarbeit. Orientierung an den Interessen Jugendlicher: Zwischen theoretischem und normativem Anspruch und der Wirklichkeit im sozialpädagogischen Alltag. Am Praxisbeispiel der kommunalen Jugendförderung Ludwigsburg. Dissertation zur Erlangung des akademischen Grades Doktor der Sozialwissenschaften. Tübingen 2010.
URL: http://tobias-lib.uni-tuebingen.de/volltexte/2011/5432/pdf/Dissertation_Interessenorientierte_Jugendarbeit.pdf. (Stand: 29.06.2012)

Beschlüsse der Kultusministerkonferenz: Bildungsstandards für die erste Fremdsprache (Englisch/Französisch) für den Mittleren Schulabschluss. Beschluss vom 4.12.2003. S. 17.
URL: http://www.kmk.org/fileadmin/veroeffentlichungen_beschluesse/2003/2003_12_04-BS-erste-Fremdsprache.pdf. (Stand: 01.08.2012)

Beschlüsse der Kultusministerkonferenz: Bildungsstandards für die erste Fremdsprache (Englisch/Französisch) für den Hauptschulabschluss. Beschluss vom 15.10.2004. S. 15.
URL: http://www.kmk.org/fileadmin/veroeffentlichungen_beschluesse/2004/2004_10_15-Bildungsstandards-ersteFS-Haupt.pdf. (Stand: 01.08.2012)

BMFSFJ [*Bundesministerium für Familie, Senioren, Frauen und Jugend*](Hg.): Elfter Kinder- und Jugendbericht. 2. Auflage. Berlin 2002.
URL: http://www.bmfsfj.de/doku/Publikationen/kjb/data/download/11_Jugendbericht_gesamt.pdf. (Stand: 10.06.2012)

BMFSFJ (Hg.): Dreizehnter Kinder- und Jugendbericht. 2. Auflage. Berlin 2009.
URL: http://www.bmfsfj.de/RedaktionBMFSFJ/Broschuerenstelle/Pdf-Anlagen/13-kinder-jugendbericht,property=pdf,bereich=bmfsfj,sprache=de,rwb=true.pdf. (Stand: 07.05.2014)

BMFSFJ (Hg.): Erster Gleichstellungsbericht - Neue Wege-Gleiche Chancen – Gleichstellung von Frauen und Männern im Lebensverlauf. 2. Auflage. Berlin 2012.
URL: http://www.bmfsfj.de/RedaktionBMFSFJ/Broschuerenstelle/Pdf-Anlagen/Erster-Gleichstellungsbericht-Neue-Wege-Gleiche-Chancen,property=pdf,bereich=bmfsfj,sprache=de,rwb=true.pdf. (Stand: 13.05.2014)

Deutscher Ethikrat: Stellungnahme Intersexualität. 2012. (Stand: 03.06.2012)
URL: www.ethikrat.org /dateien/pdf/stellungnahme-intersexualitaet.pdf.

Drieschner, Frank; Kruse, Kuno; Stock, Ulrich: Das Deutsche und das Fremde. ZEIT-ONLINE vom 01.11.1991.
URL: http://www.zeit.de/1991/45/das-deutsche-und-das-fremde/seite-5. (Stand: 02.06.2012)

Europäische Kommission, Generaldirektion Beschäftigung, soziale Angelegenheiten und Chancengleichheit, Referat B4: EQUAL-Leitfaden zu Gender Mainstreaming. 2004.
URL: http://ec.europa.eu/employment_social/equal_consolidated/data/document/gendermain_de.pdf. (Stand: 15.05.2014)

Frank, Arno: Mutter oder Vater? In: TAZ vom 02.07.2008.
URL: http://www.taz.de/!19565/. (Stand: 13.05.2012)

Franzen, Jannik; Sauer, Arn: Benachteiligung von Trans*Personen, insbesondere im Arbeitsleben. Expertise im Auftrag der Antidiskriminierungsstelle des Bundes. 2010.
URL: http://www.antidiskriminierungsstelle.de/SharedDocs/Downloads/DE/publikationen/benachteiligung_von_trans_personen_insbesondere_im_arbeitsleben.pdf?__blob=publicationFile. (Stand: 13.05.2012)

Grau, Alexander: Sprache, Denken, Emotionen. In: TV Diskurs 45 (3/2008).
URL: http://fsf.de/data/hefte/ausgabe/45/grau016_tvd45.pdf. (Stand: 03.07.2012)

Iff, Thomas: LGBT-Rechte: Vollständige deutsche Übersetzung von Hillary Clintons Rede vor UNO Menschenrechtsrat in Genf.
URL: http://www.thinkoutsideyourbox.net/?p=21057. (Stand: 21.05.2014)

K., Ani: Es gibt mehr als zwei Geschlechter. In: Utopia vom 06.08.2009.
URL: http://www.linksnet. de/de/artikel/24707. (Stand: 06.08.2012)

Kultusministerkonferenz: Konstanzer Beschluss vom 24.10.1997.
URL: http://www.kmk.org/bildung-schule/qualitaetssicherung-in-schulen.html. (Stand: 08.08.2012)

Kuby, Gabriele: Rede am 05.04.2014 anlässlich einer Demonstration gegen den baden-württembergischen Bildungsplan in Stuttgart.
URL: www.kath.net/news/45516. (Stand: 01.05.2014)

Kugler, Thomas; Nordt, Stephanie: Gefühlsverwirrung queer gelesen: Zur psychosozialen Situation von LGBT-Jugendlichen. 2010.
URL: http://www.queerformat.de/fileadmin/user_upload/news/Kindern_aus_Regenbogenfamilien_2010.pdf. (Stand: 14.07.2012)

Lüders, Christine: Schulen müssen ein sicherer Ort für lesbische, schwule und transidente Jugendliche werden. Rede zum Internationalen Coming-Out-Tag am 10.10.2011.
URL: http://www.antidiskriminierungsstelle.de/SharedDocs/Pressemitteilungen/DE/2011/20111010_Coming_Out_Day.html. (Stand: 02.08.2012)

Lüders, Christine: Rede zur Tagung „Sexuelle Identität und Gender - (K)ein Thema in Schulbüchern?“ vom 20.05.2012 in der FES in Berlin.
URL: http://www.antidiskriminierungsstelle.de/SharedDocs/Reden/DE/2012/Sexuelle-Identitaet-in-Schulbuechern-20120420.html?nn=1848782.
(Stand 30.06.2012)

Merkel, Angela: Die Ehe ist mehr als eine Lebensgemeinschaft. In: Die Welt vom 08.10.2011.
URL: http://m.welt.de/article.de?id=print-welt%252Farticle443305%252F Die-Ehe-ist-mehr-als-eine-Lebensgemeinschaft. (Stand: 06.08.2012)

Mey, Stefan: Flickenteppich in Regenbogenfarben. Die Situation von Schwulen und Lesben weltweit. Fluter vom 26.02.2014.
URL: http://www.fluter.de/de/131/thema/12581. (13.06.2014)

Müller-Lissner, Adelheid: Zwischen den Geschlechtern. 06.02.2009.
URL: http://www.zeit.de/online/2009/07/tsp-intersexualitaet/seite-2.
(Stand: 23.06.2012)

Oestreich, Heide: Alex soll in die Psychatrie. In: TAZ vom 19.01.2012. URL: http://www.taz.de/Streit-um-elfjaehrige-Transsexuelle/!90229. (Stand: 21.06.2012)

Oestreich, Heide: Wer wollte das rosa Einhorn? In: TAZ vom 23.03.2012. URL: http://www. taz.de/!85899. (Stand: 21.06.2012)

Pfeffer, Michael: Katholiken mobben designierten Schuldirektor, weil er schwul ist. 08.05.2012. URL: http://www.ggg.at/index.php?cHash=67575eaded50f2936080330658 97a4c1&id=62&tx_ttnews[tt_news]=4390. (Stand: 04.07.2012)

Polylux: Sendung in Das Erste vom 13.03.2008. Thema: Intersexuelle. Das dritte Geschlecht. URL: http://www.youtube.com/watch?v=zRpoMnEEtLg. (Stand: 18.05.2012)

Regenbogenfamilien NRW: Jede(r) Fünfte in NRW mit homophoben Einstellungen. URL: http://www.regenbogenfamilien-nrw.de/2012/05/ 18/jeder-funfte-in-nrw-mit-homophoben-einstellungen. (Stand: 03.08.2012)

Regh, Alexander: Zahlenspiele oder: Wo sind sie denn hin? URL: http://www.dgti.org/index.php?option=com_content&view=article &id=166:zahlenspiele&catid=4:leitartikel. (Stand: 01.08.2012)

Schmäu-Wassermann, Daniela: Homosexualität in der Schule. Fehlendes Problembewusstsein und Weiterbildungsdefizit? Evaluierung von Weiterbildungsangeboten der LehrerInnenfortbildungseinrichtungen zum Thema Homosexualität. Berlin 2004. URL: http://schwulelehrer.de/_alt/sl_old/themen/dokumente/the_06. pdf. (Stand: 13.05.2014)

Scobel: Sendung im 3sat vom 10.11.2011. URL: http://podfiles.zdf.de/podcast/3sat_podcasts/111110_ tabuhomosex 2_scobel_p.mp3. (Stand: 24.05.2012)

Senatsverwaltung für Bildung, Jugend und Wissenschaft Berlin: Allgemeine Hinweise zu den Rahmenplänen für Unterricht und Erziehung in der Berliner Schule A V 27: Sexualerziehung. 2001. URL: http://www.berlin.de/imperia/md/content/sen-bildung/schulorga nisation/lehrplaene/av27_2001.pdf?start&ts=1202460432&file=av27_2001. pdf. (Stand: 08.07.2012)

Sozialwissenschaftliche Forschungsstelle der Otto-Friedrich-Universität Bamberg [SOFOS]: Studie zur Einsamkeit und sozialen Isolation schwuler Männer (Kurzfassung). 2002.

URL: http://www.gleichgeschlechtliche-lebensweisen.hessen.de/global/show_document.asp?id=aaaaaaaaaaajcb. (Stand: 01.08.2012)

Streib-Brzič, Uli: School is out?! – Erfahrungen von Kindern aus Regenbogenfamilien in der Schule. 2012.
URL: http://www.hu-berlin.de/pr/pressemitteilungen/pm1202/pm_120209_00. (Stand: 06.08.2012)

Streuli, Jürg C; Werner-Rosen, Knut: Zur Situation von Menschen mit Intersexualität in Deutschland. URL: http://www.ethikrat.org/dateienpdf/streuli-werner-rosen-stellungnahme-intersexualitaet.pdf. (Stand: 20.05.2012)

Thüringer Ministerium für Bildung, Wissenschaft und Kultur [TMBWK]: Thüringer Schulgesetz vom 6. 08. 1993.
URL: http://www.thueringen.de/de/tmbwk/bildung/schulwesen/gesetze/schulgesetz/#erster. (Stand: 07.05.2014)

Unbekannt: Erster schwangerer Mann der Welt. Es wird ein Mädchen. In: BILD vom 10.06.2008.
URL: http://www.bild.de/news/vermischtes/schwanger/will-noch-mehr-kinder-4782134.bild.html. (Stand: 07.06.2012)

Unbekannt: Geschlechtstest bei Semenya. Südafrika will Uno einschalten. SPIEGEL ONLINE vom 21.08.2009.
URL: http://www.spiegel.de/sport/sonst/ 0,1518,644345,00.html. (Stand: 19.05.2012)

Unbekannt: Kirche unterliegt vor Gericht. Lesbische Erzieherin darf ihren Job behalten. In: Süddeutsche.de vom 19.06.2012.
URL: http://www.sueddeutsche.de/bayern/kirche-unterliegt-vor-gericht-lesbische-erzieherin-darf-ihren-job-behalten-1.1386923. (Stand: 12.07.2012)

Unbekannt: Konservatismus kann dein Leben retten.
URL: http://www.thinkoutsideyourbox.net/?p=16307&sms_ss=scoopat&at_xt=4dada3a88f4f9f13,0. (Stand: 02.08.2012)

Unbekannt: Premiere in England. Männliche Mutter bringt Baby zur Welt. In Heute.at vom 12.02.2012.
URL: http://www.heute.at/kurioses/art23706,659358. (Stand: 18.06.2014)

Unbekannt: „Schwangerer Mann" trennt sich von seiner Frau. In: WELT ONLINE vom 20.04.2012.
URL: http://www.welt.de/vermischtes/prominente/article106207051/Schwangerer-Mann-trennt-sich-von-seiner-Frau.html. (Stand: 02.08.2012)

Unbekannt: US-Langzeitstudie: Kinder aus Regenbogenfamilien erfahren gleiche gesunde Entwicklung. 20.06.2012.
URL: http://www.thinkoutsideyourbox.net/?p=25937. (Stand: 02.08.2012)

Vatikan (Hg.): Erwägungen zu den Entwürfen einer rechtlichen Anerkennung der Lebensgemeinschaften zwischen homosexuellen Personen. Zitiert nach: FAZ vom 31.07.2003.
URL: http://www.faz.net/aktuell/politik/wortlaut-erwaegungen-ueber-homosexuelle-lebensgemeinschaften-1113824. html. (Stand: 06.08.2012)

Vogt, Jürgen: So, wie jede Person es fühlt. In: TAZ vom 11.05.2012. URL: http://www.taz.de/Freie-Wahl-des-Geschlechts-in-Argentinien/!93187. (Stand: 01.07.2012)

Vonholdt, Christl Ruht: Das Recht des Kindes auf Vater und Mutter. Zehn Gründe gegen ein Adoptionsrecht für homosexuell lebende Paare.
URL: http://www.dijg.de/homosexualitaet/adoptionsrecht/recht-mutter-vater. (Stand: 06.08.2012)

Weymar, Franziska: Zum Zusammenhang von intergruppalen Freund-schaften und der Favorisierung der Eigengruppe. Eine empirische Studie im deutsch-polnischen Schulkontext. Greifswald 2010.
URL: http://ub-ed.ub.uni-greifswald.de/opus/volltexte/2010/836/pdf/Diss_Weymar_Franziska.pdf. (Stand: 05.03.2013)

Wikipedia: Stichwort „Gender Gap“. URL: http://de.wikipedia.org/wiki/Gender_Gap_%28Linguistik%29. (Stand:01.08.2012)

X:enius: Thema Intersexualität. Sendung vom 05.01.2012.
URL: http://www.youtube.com/watch?v=rNg8NhVwb5s. (Stand: 05.07.12)

Ziemen, Danilo: Die Darstellung vielfältiger Lebensweisen im Politikunterricht. Eine heteronormativitätskritische Analyse ausgesuchter Unterrichtsmaterialien. Dresden 2010.
URL:http://bildungsserver.berlin-brandenburg.de/fileadmin/bbb/themen/sexuelle_vielfalt/2010_ZiemenD_Politikunterricht.pdf. (Stand: 13.05.14)

Zimmermann, Michael: Wo Homosexuellen die Todesstrafe droht. Tageschau.de vom 20.12.2013.
URL: http://www.tagesschau.de/ausland/hintergrund-verbot-homosexualitaet100.html. (Stand: 13.06.2014)

Zeitfracht Medien GmbH
Ferdinand-Jühlke-Straße 7
99095 Erfurt, Deutschland
produktsicherheit@kolibri360.de